Bei der Erstellung der Siedlungsgeschichte des Dorfes Groß Wasserburg konnte ich mich auf die Unterstützung des Brandenburgischen Landeshauptarchivs Potsdam, das Archiv des Landkreises Dahme-Spreewald in Luckau und vieler Einwohner stützen.
Ein besonderer Dank gilt Hanna Boge†, Inge und Heinz† Hobeck, Anita Krupsky, Oskar Lehmann†, Hans-Joachim Löffler, Erika Menze, Ilse Menze, Gerda Miethling† und Ursula Schulze.
Ihre Erinnerungen, die zur Verfügung gestellten Dokumente und Fotos machen die Entwicklung des Dorfes als einen Teil der von ihnen selbst erlebten und gestalteten Geschichte nachvollziehbar.

Bernhard Heinz Witzsch

HÄUSLER – BÜDNER & KOLONISTEN – BAUERN

Siedlungsgeschichte eines Ortes am Unterspreewald

Groß Wasserburg Teil I

Bibliografische Information der Deutschen Nationalbibliothek:
Die Deutsche Nationalbibliothek verzeichnet diese Publikation in der Deutschen Nationalbibliografie; detaillierte bibliografische Daten sind im Internet über http://dnb.dnb.de abrufbar.

Redaktionsschluss: 02.10.2017, 15910 Groß Wasserburg

Herstellung und Verlag: BoD – Books on Demand, Norderstedt

ISBN: 978-3-7448-9621-4

Inhalt

Groß Wasserburg im Jahr 1998

Der kleine Ort Groß Wasserburg liegt in einem landschaftlich reizvollen Gebiet Brandenburgs. Einerseits prägen den Landstrich die Krausnicker Berge, seine Ausläufer reichen fast bis an die ersten Grundstücke und andererseits grenzt die Ortslage direkt an den Unterspreewald. Über die sogenannte Wasserburger Spree ist durch den Hochwald die Spree erreichbar. Der heute von diesem Spreearm abgehende Randkanal erschließt einen Wasserweg über den Köthener See, die Dahme abwärts bis nach Berlin. Also eine Lage, die zu touristischer Aktivität geradezu auffordert. Ein gut ausgebauter Wasserwanderrastplatz, mehrere Parkplätze, der Landgasthof und das Bogenbiwak laden zu einem erholsamen und besinnlichen Besuch ein. Rund heraus, ein attraktives Tor zur Erkundung des Unterspreewaldes. Schlepzig, als Zentrum des Unterspreewaldes, Tropical Islands, die Heideseen und Köthen können bequem per Fahrrad erreicht werden. In der Gemarkung von Groß Wasserburg ragt der Wehla-Berg mit seinen 144 m aus der Landschaft hervor. Sein 26 m hoher Aussichtsturm garantiert einen herrlichen Rundblick über dieses Stück unverkennbarem Brandenburg. Die schöne Lage verdankt der Ort der vor ca. 20.000 Jahren endenden letzten Eiszeit. Nach heutigem Erkenntnisstand haben sich die Krausnicker Berge und der angrenzende Sander durch zwei aufeinanderfolgende Eisvorstöße gebildet. Immer wieder begegnet uns daher purer Sand mit nur einzeln eingelagerten Lehmlinsen. Aus dem Norden Europas brachten die Gletscher Felsgestein mit, zermahlten es unterwegs und lagerten das dabei entstandene Ergebnis ab. Es ist der allgegenwärtige Sand als Teil der brandenburgischen Streusandbüchse. Wie der Oberspreewald ist der fast naturbelassene Unterspreewald also ein Ergebnis der Eiszeit. Der Ort selbst entwickelte sich aus einem sehr kleinen Kern rund um die ehemalige Mühle hin zu einem Straßendorf, welches schrittweise auf einer eiszeitlichen Sandablagerung angelegt wurde. Die Siedler wussten um die Hochwasser entlang der Spree. Nur 6 Höfe von den gegenwärtig 59 Grundstücken liegen in einer von Hochwasser gefährdeten Zone. Sie gehören allerdings mit zum ursprünglichen Siedlungskern von Groß Wasserburg.

Groß Wasserburg lag zum Zeitpunkt seiner Ersterwähnung im sogenannten preußischen "Kurmärkisch-wendischen-Distrikt". Der angrenzend größere sächsische Teil der Niederlausitz war gleichfalls wendisch geprägt. Diese Gegebenheiten hielten sich bis zum Ende des 18. Jahrhunderts und noch teilweise in die Anfangsjahre des 19. Jahrhunderts. Das heutige Groß Wasserburg, bis Mitte des 18. Jahrhunderts wurde es nur als Wasserburg bezeichnet, lag also einstmals in einem rein sorbischen Siedlungsgebiet. Die Grundherren gehörten dem deutschsprachigen Adel an und hatten ihren Grundbesitz von den Landesherren als Lehen erhalten. Zu bemerken ist auch, dass mehrere der heutigen Hofbesitzer auf eine lange Familiengeschichte zurückblicken können. Ob nun sorbischer oder deutscher Herkunft spielt in der Ortsgeschichte keine Rolle, sie wurden alle in den letzten 200 Jahren zu Groß Wasserburgern und prägten als Häusler, Büdner, Kolonisten, Bauern oder Neubauern die Entwicklung ihres Dorfes. Durch die Leistungen vieler Generationen wurde der Natur ein Stück Lebensgrundlage abgerungen. Es entstand eine Kulturlandschaft, die nun bereits über mehrere Jahrhunderte Bestand hat. Die Ortsentwicklung von Groß Wasserburg verlief nicht kontinuierlich hin zu einem Dorf. Kriege, Besitzwechsel und gesellschaftliche Umbrüche hemmten oder beförderten die Dorfentwicklung und lassen vier Phasen erkennen:

    1. Von der Ersterwähnung bis zum Ende des 17. Jahrhunderts kann man mit Fug und Recht von einem Siedlungsflecken, dem späteren Krausnicker Vorwerk, mit sehr wenigen Bewohnern sprechen. Viele Arbeitskräfte benötigte die Mühle nicht. Hier lebte der Müller als ein vom Grundherrn abhängiger Häusler mit seiner Familie. Daran än-

dert auch der Zuzug eines Zweiges der Münchehofer Adelsfamilie derer von Langen am Anfang des 17. Jahrhunderts nichts. Ab diesem Zeitpunkt wird von einem Rittersitz gesprochen, der eine zeittypische kleinteilige Besitzstruktur aufwies. Der Wasserburger Zweig derer von Langen nannte dabei noch Anteile an Leibsch, Köthen und Krausnick sein Eigentum.

2. Daran schloss sich eine Phase der Ansetzung von Siedlern an. Ein Markstein für diese Phase der Ortsentwicklung war der am 15. Juni 1728 erfolgte Verkauf[1] durch Caspar Sigismund von Langenn an Friedrich Wilhelm I. und der darauf folgenden Zuordnung zur Herrschaft Königs Wusterhausen. Preußens König musste für die Besitzungen, darunter sind neben Wasserburg auch die Anteile an Köthen und Leibsch zu verstehen, immerhin 40.653 Taler auf den Tisch legen. Zur Verdeutlichung der Kaufsumme, nach VERDENHALVEN lag die Kaufkraft eines Reichstalers zwischen 1622 - 1775 bei durchschnittlich 32,50 bis 43,10 DM. Bei einem Ansatz von 38 DM pro Taler, das dürfte dem Kaufwert um 1728 entsprochen haben, lag also die Kaufsumme bei umgerechneten 1.544.814 DM. Zu dieser Zeit galt es auch noch, den Bevölkerungsschwund des 30jährigen Krieg auszugleichen. Im späteren Beeskow-Storkower-Kreis war dieser Prozess um die Mitte des 18. Jahrhunderts abgeschlossen. Ein Teil des erfolgreichen Bevölkerungszuwachses war der Ansiedlungspolitik der preußischen Könige geschuldet. Groß Wasserburg war in dem Prozess eingebunden. Waren die ersten Bewohner einfache durch den Grundherrn angesetzte Häusler weisen die später ausgestellten Erbverschreibungen nur noch Büdner als Bewohner aus.

3. Die dritte Phase, also die Herausbildung zu einem eigenständigen Dorf, begann mit der Ablösung der Dienstbarkeiten der Büdner während der Separation, also der Aufteilung von Grundbesitz in der ersten Hälfte des 19. Jahrhunderts. Mit Ende der Separation war die Einwohnerzahl im Jahr 1858 schon auf 255 angestiegen und machte u. a. eine Schule sowie Dorfschulzen erforderlich. Diese Phase begann mit der Inkraftsetzung des Allgemeinen Landrechts von Preußen am 1. Juni 1794, welches in ersten zaghaften Grundzügen noch von Friedrich II. angeschoben wurde. Es begann eine schrittweise Verbesserung der bäuerlichen Arbeits- und Lebensbedingungen für

die Büdner und Einlieger innerhalb eines Zeitfensters von ca. 50 Jahren.

4. Nach Abschluss der Separationsphase und dann besonders ab Gründung des Deutschen Kaiserreiches in 1871 begann eine Phase wirtschaftlicher Stabilisierung der kleinen bäuerlichen Wirtschaften. Dies bedeutete allerdings nicht, dass jeder Hofbesitzer seine Familie auch von seinem Land ernähren konnte. Bereits vor Beginn des I. Weltkrieges war diese Stabilisierungsphase beendet. Trotzdem, ein Dorf, im wörtlichen Sinn, war entstanden.

Im Prozess der Ortsentwicklung werden immer wieder Häusler, Büdner, Großbüdner, wenig Kolonisten und schlussendlich Bauern erwähnt. Eine solch ständisch geprägte Sozialstruktur der Bewohner verdeutlicht, dass sich ihre Besitzverhältnisse nur langsam aus der Abhängigkeit vom Krausnicker Amtsgut weg zu einem selbstständigen Bauerntum entwickelt haben. Damit verbunden war eine stetige Veränderung der Sozialstruktur innerhalb des Dorfes.

Die preußischen Dörfer am Rande des Unterspreewaldes waren aufgrund der vorherrschenden Eigentums-, Dienst-, Hütungs- und Forstverpflichtungen eng miteinander verknüpft. Trotzdem verlief ihre Entwicklung nicht einheitlich. Krausnick, Leibsch und Schlepzig sind auf direkte slawische Gründungen zurückzuführen und werden erstmals im Jahre 1004 erwähnt. Groß Wasserburg trat dagegen erst recht spät als Ansiedlung am Unterspreewald in Erscheinung. Also erst zu einer Zeit, als die deutsche Ostexpansion in der Niederlausitz abgeschlossen war und der Feudalismus Land und dessen Bewohner prägte. Seine Ortsentwicklung war eher von wirtschaftlichen Erwägungen und erst danach von einer siedlungspolitischen Notwendigkeit geprägt. Vor allem ab Mitte des 18. Jahrhunderts reihte es sich in die Ortschaften des Unterspreewaldes durch sein größeres Siedleraufkommen ein. Dabei stand es nicht so im Vordergrund wie die reinen Kolonistendörfer Neu Schadow oder Neu Lübbenau. Ein weiterer Aspekt der unterschiedlichen Ortsentwicklungen war seine Nähe zur sächsischen Niederlausitz. Der Rittersitz Krausnick und sein Vorwerk Wasserburg waren damals förmlich von Sachsen eingekreist. Erst als die preußische Krone die kleinen Adelsbesitzungen aufkaufte, begann eine Vereinheitlichung der Ortsentwicklungen. Das betraf auch die Büdner, Kossäten oder Kleinbauern in den Nachbardörfern Krausnick, Leibsch und Köthen. Beziehungen zwischen Krausnick und Groß Wasserburg waren in diesem Zusammenhang von besonderer gegenseitigen Abhängigkeit geprägt und halten wenn auch in anderer Form bis in die Gegenwart an. Erstens muss in diesem Zusammenhang festgehalten werden, dass es in den Dörfern rund um den Unterspreewald keine Leibeigenschaft gegeben hat. Zweitens gab es ab der erfolgreichen Aufkaufwelle durch das preußische Königshaus nur einen Grundherrn. Das sollte sich während der Separation und auf die weitere Dorfentwicklung positiv auswirken. Auseinandersetzungen wegen unterschiedlicher Interpretationen durch mehrere Grundherren fielen damit einfach weg.

Erst mit dem Ende der vierten Phase war die Herausbildung des Dorfes mit seiner durch Landwirtschaft geprägten Wirtschafts-, Siedlungs- und Sozialstruktur als abgeschlossen zu betrachten. Ein Dorf von Kleinbauern war entstanden. Für fast einhundertzwanzig Jahre, bezogen ab dem Abschluss der Separation, sollte das so bleiben.

Blick ins Dorf um 1900

Nach dem Kriegsende 1945 begannen sich die wirtschaftlichen und sozialen Strukturen erneut zu ändern. Der schrittweise Übergang in eine landwirtschaftliche Großproduktion, ausgehend von der kleinbäuerlichen Hofhaltung, über die LPG-Gründung, einer folgenden Kooperativen Abteilung hin zu den spezialisierten LPGen schuf auch im Dorf eine bis dahin unbekannte Art und Weise der landwirtschaftliche Produktion. Markantestes Merkmal dafür, der Anteil der direkt in der Landwirtschaft tätigen Einwohner nahm dabei innerhalb von zehn Jahren spürbar ab. Einesteils verlangte der Aufbau der Industrie in der DDR viele Arbeitskräfte zum anderen setzte die schnelle Technisierung der Landwirtschaft auch einen Teil der bäuerlichen Arbeitskräfte frei.

So waren in der LPG (P) Dürrenhofe im Jahr 1981 nur noch 14 Genossenschaftsmitglieder aus Groß Wasserburg beschäftigt. 1971, dem Jahr der Auflösung der LPG,
waren es immerhin 30 Einwohner die ihren Lebensunterhalt hauptsächlich durch eine
landwirtschaftliche Tätigkeit bestritten. Ab ca. 1972 waren Reste bäuerlichen Schaf-
fens im Ort von einer staatlich gewollten individuellen landwirtschaftlichen Kleinstpro-
duktion gezeichnet, die fast schlagartig mit der Wende 1989/90 endete. Dieser Zeitraum war auf Gemüseerzeugung und Masttierhaltung ausgerichtet und hatte wenig
mit der ursprünglichen bäuerlichen Wirtschaftsweise zu tun. Hohe staatliche Subventionen schufen dabei einen nicht zu unterschätzenden materiellen Anreiz, den viele
Dorfbewohner über einen großen persönlichen Arbeitseinsatz auch nutzten. Zur Er-
langung von Devisen für die DDR wanderte dann manches Kalb und Schwein in die
Kühltruhen der Supermärkte der damaligen Bundesrepublik. Noch etwas später, im
Jahr seines 460jährigen Ortsjubiläums hatte Groß Wasserburg seine Selbstständigkeit schon längst aufgegeben und war zu einem reinen Wohnort ohne Bauernwirtschaften geworden. Ein erneuter langsamer Strukturwandel hin zum Tourismus ist zu
erkennen.

Schleuse Groß Wasserburger Wehr

Für das Dorf Groß Wasserburg bedeuteten all diese Entwicklungsstadien, dass mit
der Auflösung der LPG "Mühlenspree" im Jahre 1971 das bäuerliche Wirtschaften im
herkömmlichen Sinn endete und der Weg für eine bis in die Gegenwart nachhallende
landwirtschaftliche Großproduktion frei war. Für die Kleinbauern hatte sich damit seit

Ende des II. Weltkrieges ein völliger Umbruch in ihrer Lebensweise und Arbeitswelt vollzogen. Ein bedeutsamer Abschnitt der Ortsentwicklung war beendet.

DER ORT VON DER ERSTERWÄHNUNG BIS ZUM VERKAUF

In der Zeit des ausgehenden Mittelalters waren auch in der Region um den Unterspreewald feste Besitzstrukturen entstanden. Begonnen hatte der Prozess mit der deutschen Ostexpansion und Belehnung deutscher Adliger mit eroberten Gebieten. Die Strehle und anschließend die Biberstein waren die ungekrönten regionalen Herrscher. Das ging teilweise sogar bis hin zum Recht der Belehnung niederer Adelsgeschlechter. Aus dieser Zeit stammen auch Landkarten, mit ersten Verweisen auf den späteren Ort Groß Wasserburg. Der folgende Kartenausschnitt gibt das Gebiet um den Unterspreewald wieder, hier als ein Teil des "Krumm-Spreeschen-Kreises"[2].Leider sind die Orte nicht richtig eingezeichnet. Vielfach stützte man sich auch noch zu Beginn der Neuzeit auf ältere Karten bzw. Hinweisen von Handlungsreisenden und deren häufig recht ungenauem Erinnerungsvermögen. Wer gibt schon gern die Quelle seines Profites preis.

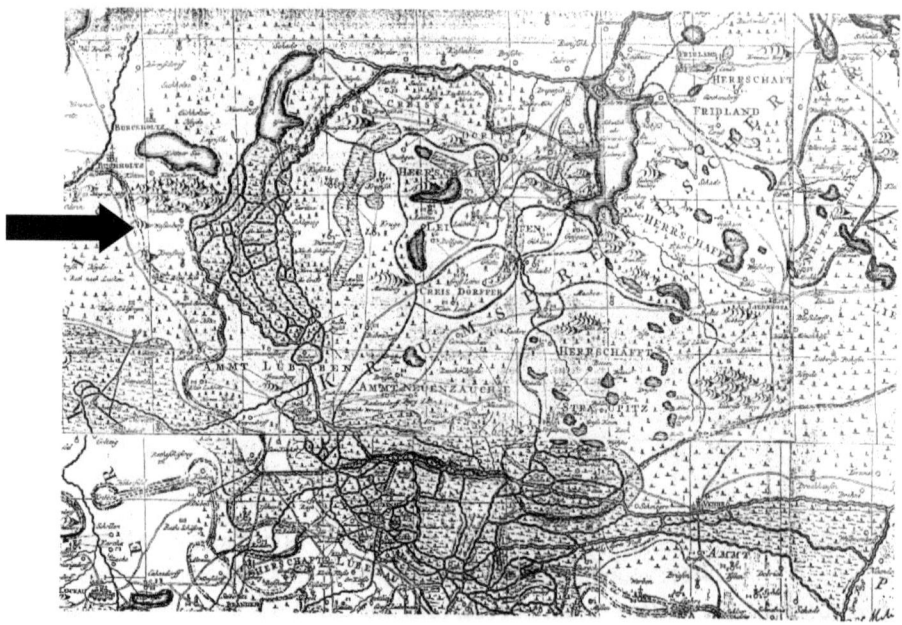

So finden wir "Waßerburg" unterhalb der "Waßerburger und Kötner Berge" (Pfeil), den heutigen Krausnicker Bergen. Auch "Kraußnig", "Buchholtz" oder "Leipisch" sind recht ungenau eingefügt. Münchehofe, als ein doch schon damals ansehnlicher Adelssitz, fehlt völlig. Auf einer weiteren Karte aus 1730 wird Wasserburg als Weisenburg und Krausnick als Kraußnig sogar in Gänze Sachsen zugeschrieben. In diesem Zusammenhang ist allerdings auch zu beachten, dass das einfache Landvolk so gut wie nie seinen Geburtsort verlassen hat. Es benötigte keine Landkarte, um, wenn überhaupt nötig, in die Nachbardörfer zu gelangen, denn hinter Köthen, Leibsch oder Krausnick hörte für sie ohnehin die ihnen bekannte Welt auf. Selbst der 1576 als Müller erwähnte Häusler verließ mit seiner Familie die Mühle sicherlich nur zu den obligatorischen Kirchgängen nach Krausnick. Eine Landkarte war daher eher etwas für die Grundherren, sollte ihren Besitz und deren Grenzen aufzeigen. Wichtig für die Ortsgeschichte ist aber, dass Groß Wasserburg bereits Eingang in einschlägige Kartenwerke gefunden hat. Die alte Heerstraße über den Brand, auch als Böhmische Straße bezeichnet, von Berlin in Richtung Oberlausitz dürfte ein weiterer Ansatzpunkt für Erwähnungen von Orten links und rechts ihrer Streckführung gewesen sein. Die allgegenwärtige Grenze zwischen den Königreichen Sachsen und Preußen war gleichfalls ein Grund für eine Einzeichnung auf damaligen Landkarten.

Als der Ort als "Wasserburk" im Jahre 1554[3] erstmals erwähnt wurde, muss die Mühle schon über einen längeren Zeitraum bestanden haben. Anfangs war es nur die "molle", also Mühle, die Erwähnung fand. Auf der Abbildung ist dieser wichtige Teil zu sehen – vom Autor unterstrichen.

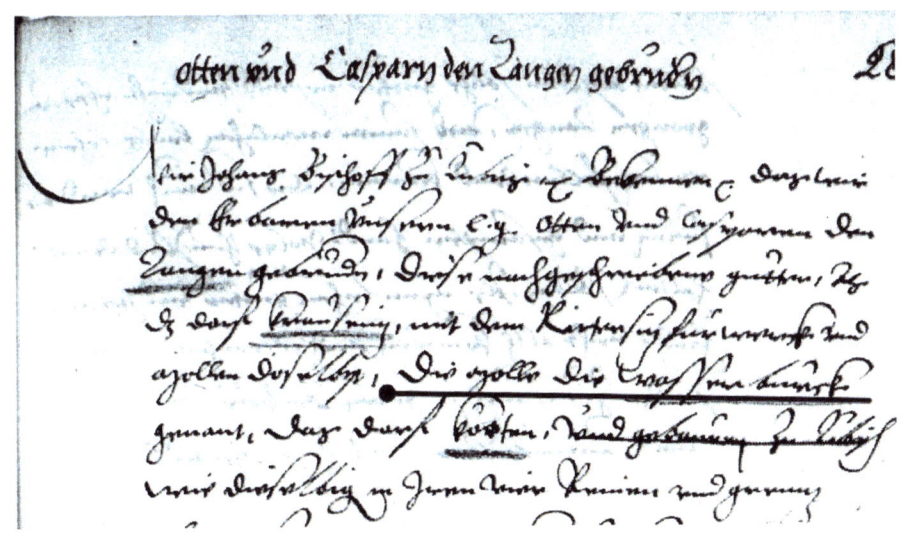

Wenige Jahre später, in einer zweiten Lehnsurkunde vom 10. April 1556, erfolgte seine erneute direkte namentliche Erwähnung, Zitat: "... zur gesamten Hand mit dem Dorf Krausnick mit Sitz und Vorwerk, sowie die Mühle bei Krausnick, die Wasserburg genannt, dem Dorf Köthen, dem halben Dorf Lubisch..." das heutige Leibsch und "... mit dem Zoll daselbst und dem Krickbusch ..."[4]. Die Erwähnung eines Vorwerkes in mehreren Urkunden von Krausnick vor 1554 lässt den Schluss zu, dass das in ihnen erwähnte Vorwerk als die Wasserburger Mühle zu betrachten ist. So auch in der Urkunde von 1518. Die Meierei in Richtung Groß Lubolz und die Neue Schenke am Rand des Brand existierten im 16. Jahrhundert noch gar nicht. Eine Wassermühle an diesen beiden Orten zu errichten wäre auch unsinnig gewesen. Es fehlte einfach das fließende Wasser. Unter dem Strich bleibt als damaliges Vorwerk nur die Wasserburger Mühle übrig. In Urkunden fanden und finden üblicher Weise vor allem wichtige Objekte oder Begebenheiten ihren Eingang. Eine Wassermühle war in der damaligen Zeit mit Sicherheit ein solch bedeutsamer Fakt. Somit wird deutlich, Groß Wasserburg ist keine Ortsgründung im klassischen Sinn gewesen, eher ein wirtschaftlicher Vorgang zur Abrundung des Langenschen Besitzes. Aus später datierten Dokumenten wird deutlich, dass aufgrund des Mühlenzwanges die Untertanen der zur Herrschaft derer von Langen auf Münchehofe gehörenden Dörfer Birkholz, Köthen, Leibsch und Krausnick verpflichtet waren, das Getreide nur in der Wasserburger Mühle mahlen zu lassen. Interessant ist in diesem Zusammenhang, dass die noch heute existierende Familie der Freiherrn von Langenn ihren damaligen Besitz an Wasserburg bereits auf das Jahr 1494 ansetzt. Leider sollen die entsprechenden Urkunden zum Ende des II. Weltkrieges auf der Flucht von ihrem Gut Birkholz Kreis Friedeberg in der Neumark abhanden bzw. vernichtet worden sein. Deshalb müssen wir uns nach wie vor an das Jahr 1554 für eine Ersterwähnung halten. Bis in das 18. Jahrhundert hinein blieb Wasserburg immer nur ein Vorwerk von Krausnick. Der Ortsname suggeriert zumindest in seiner Zusammensetzung den Bestand einer Burg, die von Wasser umgeben sein sollte. Fehlanzeige, eine Burg gab es nie. Was es gab, war ein später errichtetes sogenanntes Herrenhaus. Erst mit dem im Jahr 1745 erwähnten gleichnamigen königl. Forsthaus Wasserburg wurden die Ortsnamen in Groß und Klein Wasserburg zur besseren Unterscheidung geändert und das Adjektiv Groß entfiel dabei auf den älteren Siedlungsort. Seine Ersterwähnung fiel zudem auch in eine recht spannungsgeladene Zeit religiösen Umbruches. Mit dem 1517 erfolgten Thesenanschlag von Luther an die Wittenberger Kirchentür begann ja die Reformation. Es waren vornehmlich die adligen Grundbesitzer, die zuerst den neuen Glauben annahmen. Für die von ihnen abhängigen Untertanen, ob in Krausnick, Köthen, Leibsch oder Wasserburg war das Glaubensbekenntnis katholisch oder evangelisch zu sein eine eher unerhebliche Frage. Sie hatten automatisch den Glauben ihres Grund- und Patronatsherren anzunehmen und waren bezogen auf den Unterspreewald von nun an und bis in die Gegenwart evangelisch. Ganz im Gegensatz zur Oberlausitz, dort wurde die Reformation von unteren Bevölkerungsschichten getragen. In der Niederlausitz und den an sie grenzenden brandenburgischen Gebieten ist die Reformation vielmehr ein von der Obrigkeit getragener Vorgang gewesen. Die Kirche in Buchholz war die Mutterkirche und Krausnick ihre Filiale. Letzterer waren die paar Einwohner von Wasserburg zugeordnet. Während die Köthener Büdner und Kossäten die Buchholzer Kirche besuchen mussten, war der dortige Pfarrer dagegen verpflichtet, regelmäßig Gottesdienst in Krausnick abzuhalten. In der Folge dazu einige Entscheidungen des CÖLLNISCHEN KONSISTORIUMS und Anmerkungen vom KRAUSNICKER PFARRER ERXLEBEN, die auch Wasserburg betreffen[5] und seine einstigen Bindungen an Buchholz verdeutlichen:

- Mehrmals beschwerten sich die Untertanen über den evangelischen Pfarrer in Buchholz und seine ungenügende seelsorgerische Pflichtwahrnahme. Am 9. Februar 1630 ist deshalb "[...] veranlaßt worden, daß der Pfarrer von nun an alle 3 Wochen ordinarie Alda zu Krausnick eine Sonntags-Predigt tuhe [...]". Die Wasserburger hatten an diesen Gottesdiensten in Krausnick teilzunehmen. Weiter heißt es: "Soviel aber die Waßerburger betrifft, weil solche aus Krausnick emriret wird, auch das ihrige dahin giebet, wird es damit nicht unbillig für ein von Buchholtz separat Werck, und so damit nichts zutuhn hat, geschätzt." Die Wasserburger brauchten sich also nicht an den Kosten für den Unterhalt des Buchholzer Friedhofes und dem dortigen Pfarrgebäude beteiligen. Allerdings Zitat: "Die drey Malter Korn aber, so dem Pfarrer aus Waßerburg gehören, sollen ihm nachmaßen am vollem Maaß, wie das zur Zeit der Stiftung verordnet worden, entrichtet werden." Dieses Korn diente dem Lebensunterhalt des Pfarrers und musste beigebracht werden, denn in Krausnick gab es noch kein eigenständiges Pfarramt. 1663 wurde nochmals auf Wasserburg wie folgt verwiesen: "Henrich Ernstens von Langen Witwe muß dem Pfarrer vier Scheffel Meßkorn zahlen, die im vorigen Jahre verweßen blieb. Beklagte Witwe muß auch jährlich auff Martini einen Malter Korn dem klagenden Pfarrer entrichten". An diesen Aussagen wird deutlich, dass in Wasserburg keine abgabepflichtige Kossäten, Hüfner oder Bauern lebten, da die Forderungen immer nur an den Grundherren gerichtet waren. Zur Verdeutlichung, die 3 Malter[6] beinhalteten 36 Scheffel Korn und damit ein Raummaß von 1.970,1 Liter. In der erwähnten Zeit dürfte es sich in aller Wahrscheinlichkeit um Roggen gehandelt haben. Die enge Verbindung derer von Langen zur Mutterkirche in Buchholz wird immer wieder sichtbar. So wird 1633 "Otto von Langen zu Waßerburg Witwe und Erben dem Herkommen nach" zur Wahrnehmung kirchenvorsteherischer Verantwortung angerufen. Damals ging es um die Klärung einer Sachfrage mit den Schenken von Landsberg auf Teupitz.

- Eine weitere Begebenheit schildert der ehemalige Krausnicker Pfarrer ERXLEBEN für die Jahre 1637 bis 1642[7], also aus der Zeit des 30jährigen Krieges. Danach fanden nach der Zerstörung Krausnicks die Gottesdienste in Wasserburg statt. Der damalige Buchholzer Pfarrer Johannes Lubesa, seinem Familiennamen nach war er wendischer Herkunft und somit des Niedersorbischen mächtig, musste den kriegsbedingt unsicheren Weg auf sich nehmen, um die Gottesdienste unter dem Schutz von Otto und Heinrich Ernst von Langenn auf Wasserburg abzuhalten. Er hatte dann Anspruch auf freie Speise und evtl. Unterkunft für die Nacht. Ob Wasserburg allerdings ein so sicherer Ort war, wie ERXLEBEN betonte, ist doch recht fraglich. Die Beherrschung des Niedersorbischen war für den Buchholzer Pfarrer einfach ein Erfordernis, denn in Köthen und Krausnick mit seinem Vorwerk Wasserburg verstand man nur Wendisch. Aber nicht nur Krausnick war von der Kriegsfurie betroffen. Auch in Köthen lagen die meisten Kossätenstellen wüst und die Einwohnerzahl war drastisch gesunken.
- Feststellungen des CÖLLNISCHEN KONSISTORIUMS[8] zwischen 1630 und 1667 bestätigen die missliche Lage von Köthen. Zitat: "So lange die wüsten Höffe zu Cöten nicht besetzt sind, der dazugehörige Acker auch von niemande gebraucht wird, kann der Schulmeister zu Buchholtz davon keinen (Tribut) fordern" und "Die beklagte Kirche zu Buchholtz ist wol befuget, von den Äckern, Gütern, Gärten und Wiesen der wüsten Höffe so viel alß zu ihrer Befriedigung erfordert wird, so forts durch den Landreiter ihr ausreisen zulaßen."
- Es ist davon auszugehen, dass auch der von Langensche Rittersitz Wasserburg von den Kriegswirren nicht verschont geblieben ist. Kriegsbedingte Zerstörungen des Gutshauses und der Mühle sind aber nicht bekannt. Was gab es auch schon in einem so armseligen Nest zu holen. Daher forderte die Buchholzer Mutterkirche während des 30jährigen Krieges und danach, so z. B. 1633, 1651 oder 1663, den ihr zu stehenden Tribut von denen von Langenn immer wieder vergeblich ein.

Also, dieser Krieg verursachte Not und Elend in allen Dörfern rund um Buchholz und den Unterspreewald. Die nahe gelegene Heerstraße über den Brand war dafür mit Sicherheit einer der auslösenden Gründe, wenn nicht sogar der wichtigste.

Für den Ort Groß Wasserburg und seine Entwicklung war die Adelsfamilie von Langenn in zweifacher Hinsicht von Bedeutung. Erstens durch die urkundliche Erwähnung aus dem Jahr 1554 und zweitens durch den Verkauf ihres Besitzes an den preußischen König in 1728. Wobei betont werden muss, dass nach dem königlichen Erwerb erst die eigentliche Ortsentwicklung begann. Die Abbildungen zeigen das von Langennsche Wappen – oben in Blau ein wachsender gekrönter goldener Löwe, unten von Gold und Schwarz geschacht - und daneben das Epitaph des 1607 verstorbenen Georg von Langen an der Kirche in

Münchehofe. Neben dem Kopf ist links das Wappen seines Vaters, Nikolaus von Langen und rechts das Wappen der Mutter, einer geborenen Anna von Schlieben zu sehen. Zu Füßen erkennt man die Wappen seiner Großmütter väter- und mütterlicherseits. Das Adelsgeschlecht derer von Langenn war ab dem 14. Jahrhundert in der Region recht breit aufgestellt und in mehrere Zweige aufgesplittet. Die einzelnen Familienzweige nannten zusammengenommen mehrere größere Grundbesitzungen ihr Eigen. Lübbenau, Kittlitz, Pretschen, Münchehofe, Egsdorf oder Bornsdorf sollen beispielgebend dafür erwähnt werden. Wobei Pretschen, Münchehofe und Wasserburg nicht als eine geschlossene Langensche Besitzung angesehen werden konnte. Erst nach dem Verkauf von Pretschen wurde Münchehofe zum regionalen Stammsitz. Die unterschiedliche Schreibweise von Langen bzw. von Langenn erfolgte nach Angaben des heutigen Seniors der Adelsfamilie im Barock und war eine damalige Modeerscheinung. Soviel zur unterschiedlichen Schreibweise des Namens. Erst im späten 16. Jhd. und besonders kurz vor Beginn des 30jährigen Krieges führte der Erbgang innerhalb der Herrschaft Münchehofe zu einer Besitzaufsplitterung. Die landwirtschaftlich nutzbaren Ländereien reichten nach Aufteilung des Erbes vielfach nicht mehr zur Führung eines standesgemäßen Lebens aus. Erlöse aus dem Grundbesitz waren zur damaligen Zeit die wichtigste Einnahmequelle des Adels. Trotzdem wurde auch Wasserburg im Zuge eines derartigen Erbganges zu einem eigenständigen Rittersitz für einen Zweig der Herren von Langenn. Dass diese Vorgänge zumindest als besitzschwächend erkannt wurden, beweisen u. a. die Bemühungen mittels einer geschickten Heiratspolitik den Grundbesitz wenigstens in seinem Bestand zu erhalten. Reichte das nicht aus, dann kam nur Verkauf in Betracht. So wird es wahrscheinlich auch bei dem folgenden Versuch gewesen sein. Die Söhne Wilhelm, Moritz, Ernst und Nicolaus des verstorbenen Otto von Langen auf Wasserburg, obwohl minderjährig, wollten ihren Besitz bereits 1626 verkaufen. Dem widersetzten sich ihre beiden Vormünder, als da waren die Adligen von Glaubitz und von Oppen. Wie die spätere Besitzentwicklung bzgl. des Dorfes Krausnick zeigte, war dieser Widerspruch nicht uneigennützig erfolgt, denn ab 1630 besaßen die von Oppen in Krausnick[9] einen Teil ehemals Langenscher Besitzungen und hofften somit auf weitere Besitzvergrößerung. Zu einer Übernahme der Wasserburger Besitzungen kam es allerdings nie. Übrigens, ein George von Oppen auf Kossenblatt war ab 1688 mit einer Sibylla von Langen aus dem Hause Wasserburg verheiratet. Dieser gescheiterte Verkauf nahm aber eine völlig neue Richtung ein. Nur zwei Jahre später, also 1628, erwarben die von Langen auf Wasserburg sogar die Hälfte von Krausnick und Köthen sowie ein Viertel von Leibsch für 13.000 Taler und vergrößerten damit ihren Besitz deutlich. Hierbei handelte es sich allerdings um einen innerfamiliären Verkaufsvorgang. Zwischen den einzelnen Familienzweigen kam es häufig zu solchen Kauf- und Verkaufshandlungen von Besitzungen und Anteilen an Dörfern. Hier ein weiteres Beispiel für diese Verkaufsstrategie derer von Langen. Ein Nickel von Langen zu Münchehofe[10] verkaufte seinen Anteil am Gut Birkholz für 1.900 Taler am 28. Mai 1627 an seinen Bruder Ernst Moritz auf Neuendorf. Auch dabei dürfte es sich eher um eine Form der Kreditgewährung gehandelt haben. Zumal in diesen Verträgen meist eine Wiederkaufsklausel enthalten war. Wasserburg ist bis zum Kauf durch den preußischen König nie veräußert oder verpfändet worden. Heute sucht man ein Herrenhaus in Groß Wasserburg vergebens. Mit dem Ausbau des Forsthofes in 1903/04 sind alle bis dahin noch vorhandenen Bauten entweder abgerissen oder überbaut worden. Denkmalschutz oder gar eine archäologische Baubekleidung war zu dieser Zeit nicht angesagt. Wie könnte das alte Herrenhaus ausgesehen haben? PETERSEN beschreibt in seiner Geschichte des Kreises Beeskow-Storkow ein solches Gebäude, das so auch in Groß Wasserburg gestanden haben könnte. Zitat: "Denn bis ins 18. Jahrhundert hinein kann man sich die alten Ritterhöfe nicht schlecht, ja ärmlich genug vorstellen. Deren Wohnhäuser waren vor dem Kriege, wie die zahlreichen erhaltenen Taxen und Beschreibungen zeigen, meist nur kleine Holzfachwerkbauten mit zwei oder drei 'Stuben' (Wohnzimmern) und einigen 'Kammern' (Schlafzimmern). Sie waren meist einstöckig, mit Stroh und Rohr gedeckt, mit Lehm verklebt. [...] Die Ausstattung der Wohnungen war gleichfalls denkbar dürftig, sie bestand aus einigen Tischen, Bänken, Sesseln, Schränken und Betten."[11] Wenn PETERSEN in diesem Zusammenhang die Formulierung "vor dem Kriege" gebraucht, dann meint er immer den 30jährigen Krieg. Auch FREYTAG bestätigte in seinem Werk "Bilder aus der deutschen Vergangenheit"[12] das doch eher dürftige Leben auf einem solchen Rittergut. Er führte dazu an: "Der Gutsherr hauste in einem Gebäude von Fachwerk mit Stroh oder Schindeln bedeckt, ..." und "Selbst ein mäßiges Rittergut war ein freudearmer Besitz." Vergleichbare Zustände dürften also auch für die von Langen auf Wasserburg alltäglich gewesen sein. Neben der Mühlengerechtigkeit verfügten sie noch über Einnahmen aus den Orten Köthen, Leibsch oder Krausnick. Mehrere Adelige teilten sich den Besitz an den Dörfern über sogenannte Gerechtsame. Der Zoll und die Gerichtsbarkeit waren so in Leibsch nur zu einem Drittel im Besitz der Wasserburger Linie. Erschwerend kam für einen Erben noch hinzu, dass er für seine unverheirateten Töchter, Schwestern und seine Mutter sorgen musste. 40 Taler waren dann z. B. für Kost und Wohnung pro Jahr für die verwitwete Mutter als ein sogenanntes Leibgedinge aufzubringen. Auch deswegen kam es immer wieder zu den arrangierten Eheschließungen zwischen regional ansässigen Adelsgeschlechtern. Es tauchten in diesem Zusammenhang die von Stutterheim, von Schlieben oder die von Oppen in der Langenschen Ahnentafel auf. Daneben war der beginnende Übergang von der reinen Grundherrschaft zur Gutsherrschaft ein erforderlicher und längst überfälliger Vorgang, der besonders nach dem Ende des 30jährigen Krieges an Fahrt gewann. Allein auf Groß Wasserburg bezogen hatte diese Entwicklung keinen großen Einfluss, wie der Fortbestand der Mühle beweist. Wenn im Jahr 1600 nur der Müller mit seiner Familie als Einwohner aufgeführt wird, dann verdeutlicht das ein geringes Interesse der Grundherren für Neuansiedlungen. Zumal der Müller immer noch ein abhängiger, besitzloser Häusler war. Innerhalb von 150 Jahren, ab der Ersterwähnung, war somit noch keinerlei dörfliche Siedlungsstruktur erkennbar. Es blieb bei einem Flecken auf der Landkarte. Zum Ende des 17. Jahrhunderts, also einige Jahrzehnte nach Ende des 30jährigen Krieg, ist immer nur Rittersitz plus Mühle ausgewiesen. Hier leider ohne Angaben zu der Bewohneranzahl. GRUNDLING[13] erwähnt 1724 im Rahmen seiner Auflistung des Brandenburgischen Adels, dass Wasserburg ein Vorwerk von Krausnick sei, hier als Krausnich bezeichnet, und denen von Oppen gehört. Leider ist das nicht ganz korrekt, denn Wasserburg, zusammen mit Teilen der Dörfer Leibsch und Köthen gehörten, wie bereits angeführt immer noch denen von Langenn. Das blieb bis zum Verkauf im Jahr 1728 auch so. Es zeigte sich, dass für die von Langenn keine tragbare Wirtschaftsführung innerhalb ihres kleinteiligen Besitzes mehr möglich war. Ab Ende des 30jährigen Krieges und besonders nach der 1701 erfolgten Erhebung in den Königsstand nahmen zudem die Bestrebungen Wilhelm I. deutlich zu,

seinen Besitz abzurunden und zu vergrößern. Diesen Bestrebungen hatten die kleinen Adeligen auf ihren Rittergütern nichts entgegenzusetzen. So kam es fast zwangsläufig am 15. Juni 1728 zum Verkauf des Wasserburger Besitzes. Eine Einbindung in die Königs Wusterhausener Herrschaft erfolgte und es entstand Domänenland. Die Domäne Münchehofe war dann über eine längere Zeit für die preußischen Unterspreewalddörfer maßgebend. Dabei ist aus den Besitzungen derer von Oppen und von Langenn das Amt Krausnick entstanden, die Wasserburger Mühle eingeschlossen. Groß Wasserburg war dann für rund einhundert Jahre das Amtsvorwerk. Die Amtmänner waren nicht die Besitzer des Amtes, sondern nur deren Pächter. Schließlich wollte der König ja auch von irgendetwas leben. Auf dem Kartenausschnitt[14] aus einer Karte von 1791 ist das preußische Amt Krausnick eingezeichnet und vom Königreich Sachsen (Pfeile) regelrecht eingeschlossen.

Die landschaftlichen Gegebenheiten sahen für eine zügige Ortsgründung auch nicht sehr erfolgversprechend aus. Sandiger Boden, Sumpf und Urwald kennzeichneten dieses Gebietes am Rande des Unterspreewaldes. Also mussten erst Ackerflächen urbar gemacht werden, um in einer solch unwirtlichen Gegend das Auskommen von Siedlern zu sichern. Dann konnten neben Hirse und Buchweizen auch Roggen, Gerste und Gemüse angebaut werden. Die Äcker lagen dicht beim Gutshaus und der Mühle. Erste Felder dürften gegenüber der Mühle, unter dem Flurnamen Mühlengarten bekannt, und im heutigen Weddergarten gelegen sein. Sie glichen eher Gartenbeeten als Feldern. Erst mit den Jahren und über Generationen vergrößerte sich die Anbaufläche. Urbarmachung bedeutete vor allem Trockenlegung der versumpften Flächen. Brandrodung hatte keine Bedeutung für die Siedler von Wasserburg, zumal die dazu benötigten Flächen den stetig ansteigenden sandigen und trockenen Krausnicker Bergen hätten abgerungen werden müssen. Eine praktizierte Waldweide verbunden mit der Brenn- und Bauholzgewinnung dürfte die Urbarmachung von weiteren Ackerflächen auf dem Tschellna, dem Großen und Kleinen Grund befördert haben. Ackergewinnung in Richtung Leibsch erfolgte erst später mittels einer aufwendigen Trockenlegung und dass nur mit Spaten und Schaufel. Um diese Flächen dauerhaft urbar zu machen, mussten ca. 400 bis 500 m Entwässerungsgräben pro Hektar gezogen werden. Eingeschlossen waren dabei auch kurzfristig auszuhebende Entwässerungsgräben von höchstens einer Spatentiefe und –breite, welche der raschen Ableitung von Hochwasser dienen konnten. Diese kleinen Gräben wurden anschließend wieder eingeebnet. Die Hauptgräben hatten eine Tiefe zwischen 40 und 80 cm und blieben dann bis zur großflächigen Melioration in den 70er Jahren des 20. Jahrhunderts weitestgehend in Nutzung. Allen Anliegern oblag die Pflicht zur ständigen Pflege und Unterhaltung der Gräben. Mit Sense, Hacke und Schaufel rückte man jährlich der Verkrautung zu Leibe. Als Tagesleistung rechneten die Bauern mit ca. 50 m bei einem Vorfluter wie z. B. am Birkendamm oder in der Buchte. Mit mehreren Edikten nahmen die preußischen Könige, so seit 1704, Einfluss auf die Trockenlegung. Unter dem Strich ging es dabei um die Gewinnung und Erhaltung von Acker- und Wiesenland. Friedrich II. erlies per 6. Juli 1773 ein "Erneuertes Edict wegen zu verschaffender Vorfluth und Räumung der Graben und Bäche". Hierin waren konkrete Vorgaben für die anzulegenden und zu beräumenden Gräben enthalten. Es wurde zwischen "Hauptgraben", "Wasserleitungsgraben", "ordinarier Wasser-Graben" und „gemeiner Feld-Graben" unterschieden. So hatte der Feldgraben über eine Breite von "vier Fuß" "Rheinländisch" zu verfügen. Das waren nach Umrechnung immerhin rund 1,26 m breite Gräben, die durch die Häusler und Büdner zur Entwässerung ihrer Fel-

21

der anzulegen waren. Ein Maß, das in der Wasserburger Feldmark sehr häufig anzutreffen war. Auf den Wiesen des Wasig waren Pflegearbeiten zur Anhebung der Bodengare und des Wasserhaltevermögens meist erst nach Ablaufen des jährlichen Winterhochwassers und dem ersten Schnitt möglich. Wieseneggen verteilten dann Ameisen- und Maulwurfhaufen sowie den aufgebrachten Dünger. Aus der auf jedem Bauernhof vorhandenen Jauchegrube wurde die Gülle als organischer Dünger auf die Wiesen ausgebracht. Das erfolgte aber erst nach Einführung der Stallhaltung von Rind und Schwein seit Beginn des 19. Jahrhunderts. Die Wiesenflächen innerhalb der Gemarkung hatten eine recht unterschiedliche Qualität. Der Kreiswiesenbaumeister des Kreises Beeskow-Storkow rügte noch im Jahr 1910 die ungenügende Krautung der Vorfluter und zu wenige Binnengräben auf überflutungsgefährdeten Wiesenflächen wie z. B. dem Wasig.

Über die in den Jahren entstandenen Felder und Wiesen lässt sich aus ihren Namen auch auf die Zeit der Urbarmachung schließen. Über die Zeit, als in Groß Wasserburg das Niedersorbische noch Alltagssprache war, lassen sich folgende Flurnamen einordnen:

Tschellna – niedersorbisch = Kälberflur

Rooch / Rogck - niedersorbisch Rog = Winkel, Ecke

Wasig / Wasigk – niedersorbisch Wosyk = Verhau, Hag, Espenhain

Boomwucke – niedersorbisch Luka = Wiese und dtsch. Baum (Baumwiese)

Diese Flurbezeichnungen dürften daher bereits vor 1750 entstanden sein. Im Zuge der preußischen Siedlungspolitik kamen vermehrt deutsche Siedler in den Unterspreewald und deutsche Flurnamen wurden gebräuchlicher. Als typische Flurnamen dieser Zeit lassen sich Großer und Kleiner Grund, Stemmwiesen, Alte Wiesen, Weddergarten, Buchte oder Mühlenland einordnen. Während der Trockenlegung der Flächen in Richtung Leibsch entstanden die Flurstücke Birkendamm, Haferfleck, Pachtborke, Pferdebuchte und Neue Land. Nach Krausnick zu wurde das Grünland Adlerhorst und Neue Wiesen erschlossen. All diese Flurnamen stellen ein wichtiges Stück örtlicher bäuerlicher Tradition dar.

Unter diesen geschilderten landschaftlichen Bedingungen war eine Viehhaltung nicht einfach. Zumal sie in keinster Art und Weise mit der Heutigen vergleichbar ist. Das Vieh musste sich sein Futter größtenteils selbst suchen und eine Bevorratung für den Winter beschränkte sich fast immer auf wenige Fuder Raufutter. Deshalb waren robuste Rassen gefragt, die einen Winter ohne Stall überleben konnten. Vielfach wurde aber auch das Vieh vor dem Winter bis auf einen kleinen Zuchtbestand einfach geschlachtet und hing dann im Rauch der schwarzen Küche. Bestenfalls kleine Einfriedungen aus Stangenholz mit Weidengeflecht zum nächtlichen Schutz vor Raubwild gab es. Schweine mussten sich mit in die Erde gegrabenen überdachten Löchern begnügen. Der Tierbestand an Rinder, Schafen oder Ziegen teilte vielfach die Behausungen mit den Menschen. Unter solchen Bedingungen entsprach die Waldweidewirtschaft am ehesten den vorhandenen Gegebenheiten. Schweine fanden genügend Eicheln und Bucheckern, Rinder und Ziegen suchten sich die jungen Schösslinge und Triebe. Diese Art der Tierhaltung erfüllte auch noch weitere Zwecke. Erstens wurde auf den Brachen natürlich gedüngt und der Wildwuchs von Bäumen und Strauchwerk verhindert. Zweitens, der Verbiss des Unterholzes im ‚Waasig-Busch‘ und ‚Rogck‘, das Umbrechen des Waldbodens durch die Schweine bei der Futtersuche schuf ständig neue Zonen für künftiges Ackerland oder Wiesen. Ob allerdings dieser Bereich bereits zur damaligen Zeit vollständig gerodet war, bleibt ungewiss, denn erst zum Ende des 18. und mit Beginn des 19. Jhd. hat die Königliche Domäne Münchehofe begonnen das Wasig-Becken in Wiesenland umzuwandeln. Das belegen u. a. die noch vorhandenen Separationsprotokolle. Allerdings war die Qualität der Wiesenflächen recht ungenügend und eigneten sich nicht einmal für eine Dauerbeweidung. Unabhängig davon entfachte immer wieder Streit um die Nutzung dieser Flächen. ‚Waasig-Busch‘ mit dem ‚Rogck‘, beide in der damaligen Schreibweise, reichten einstmals fast bis an die heutige Landstraße nach Leibsch. Davon übrig geblieben sind nur ein paar vereinzelte Baumgruppen. Der Kartenausschnitt für Groß Wasserburg und Leibsch, "Aufgenommen und gezeichnet im Jahre 1846 von v. Winterfeld, Lt. im 2. Inf. Königs/Regt." für das Urmesstischblatt zeigt den damaligen Zustand.

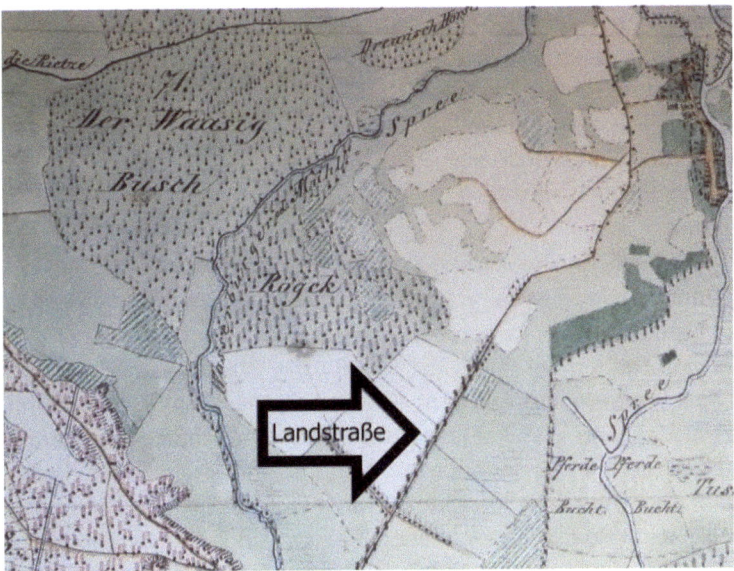

Eine Gemeine, also die gemeinschaftliche Nutzung von Wald- und Wiesenflächen war in späteren Jahren erst durch die Erbverschreibungen, also nach dem königlichen Erwerb, auch für die ansässigen Häusler und Büdner möglich und Anfangs nur auf den ‚Waasig-Busch' beschränkt. Diese Flächen wurden im Rahmen der Separation des 19. Jahrhunderts zuerst unter den Büdnern und Kossäten von Groß Wasserburg, Köthen und Leibsch aufgeteilt. In den Flurkarten erhielten diese Flächen die Bezeichnung ‚Alte Land'. Die Schafhaltung hatte schon für die Büdner große Bedeutung und war zur damaligen Zeit ein wichtiger Teil der Landwirtschaft. Deshalb wurde immer wieder über unterschiedlichste Ordnungen ein staatlicher Einfluss geltend gemacht. Für den ortsansässigen Schäfer waren deshalb folgende königliche Erlasse maßgebend:

- Die "Königliche Preußische erneuerte Schäffer=Ordnung Anno 1705" und das "Hütungs Regelemts vom Jahre 1751" im "festgestellten Waidetheilungs Maßstabe"[15].

Besonders das Reglement von 1751 war für die Wasserburger Siedler wichtig, denn es klärte ihre Weiderechte auf dem Wasig. Eigentlich im Wasig, denn er war mehr einem Urwald ähnlich und keine offene Weidelandschaft. Unter den ersten neuen Wasserburger Siedlern ist so auch ein Schäfer zu finden. Nur mittels einer extensiv betriebenen Landwirtschaft konnten damals die benötigten Nahrungsmittel für den Guts- und Eigenbedarf auf den kleinen Feldern angebaut werden. Was übrig blieb, kam auf den naheliegenden Märkten in Buchholz, Teupitz oder Beeskow zum Verkauf. Das dürfte aber nur in Ausnahmen erfolgt sein denn der sandige Ackerboden warf nicht viel an Ertrag ab. Ein Verkauf im ausländischen sächsischen Lübben oder Golßen war bis 1815 durch Zölle erschwert und fiel daher weg, wenn man von dem sicher gewinnversprechenden Schmuggel über die nahe Grenze einmal übersieht.

Einen Einblick in dieses Leben der Landbevölkerung vermitteln Berichte und zeitgenössische Aufzeichnungen. Der Buchholzer Pfarrer THARAEUS schildert "... kleinbäuerliche Verhältnisse ..." in der Storkower Herrschaft recht ungeschminkt und anschaulich, wenn er den Anbau und die Verarbeitung von Gerste und Flachs beschreibt[16]. Tharaeus war als Pfarrer natürlich auch für die damals wendischen Dörfer Köthen, Krausnick mit dem Flecken Wasserburg, und Leibsch seelsorgerisch verantwortlich. Deshalb predigte er auf Wendisch, damit das Wort Gottes auch in diesen Orten verstanden wurde. In der Herrschaft Storkow gab es damals noch rund 40 wendische Orte. Übrigens verfasste er deshalb seinen wendischen Katechismus in Niedersorbisch, also in der Sprache der Bewohner seines Pfarrsprengels und weiterer Dörfer am Rande des Unterspreewaldes. Der Krausnicker Pfarrer REUSCHE verwies in diesem Zusammenhang auf den Beeskower Superintendenten Treuer und dessen Feststellung, dass damals in Krausnick, Wasserburg, Köthen und Leibsch kein Deutsch verstanden wurde.

Für die allgemeine Ernährung musste Buchweizen, ein Knöterich Gewächs, herhalten. Noch zu Anfang des 19. Jahrhunderts war Buchweizen das wichtigste Grundnahrungsmittel der einfachen Landbevölkerung. Die angebauten Getreidearten Roggen, Gerste und Hafer waren für den täglichen Verzehr viel zu wertvoll. Festzustellen ist hierbei, dass sich die Größe ihrer Anbauflächen über fast zwei Jahrhunderte nicht wesentlich änderte. Auch das ein Zeichen dafür, dass die Urbarmachung am Rande des Unterspreewaldes doch sehr beschwerlich war. Der Roggen war damals das dominierende Getreide auf den sandigen Ackerböden. Generell betrug der Ertrag durchschnittlich nur das zwei, in sehr guten Erntejahren höchstens das Dreifache der Aussaatmenge. Damit wird deutlich, Hungersnöte waren bei Jahren mit Dürre- oder Hochwasserkatastrophen vorprogrammiert. Wenn dann in den Jahren 1706 und 1708 Missernten und die Dürre von 1727 auch die Gegend um den Unterspreewald heimsuchten, waren Elend und Not angesagt. Um eine Vorstellung über den damaligen Ertrag zu erhalten, sei BERGRING zitiert. Für den Kreis Beeskow-Storkow[17] listete er über einem Zeitraum von 1750 bis 1801 auf:

- Weizen - eine Aussaatmenge von 44 Wispel und einen Ertrag von 135 Wispel
- Roggen - eine Aussaat von 1878 Wispel und bei Ernte 5755 Wispel
- Kartoffeln – 1472 Wispel gelegt und ein Ertrag von 6144 Wispel erzielt.

Also, innerhalb dieser 50 Jahre blieb es insgesamt bei den ungünstigen Ertragsverhältnissen von Getreide mit dem 3fachen der Aussaatmenge. Nur die Kartoffel lag, u. a. dem begünstigenden sandigen Ackerboden geschuldet, bei der 4,2fachen Erntemenge. Zur Erläuterung, ein Wispel hatte einen Volumeninhalt von 1.313,4 Liter. Geringe Ernteerträge bei Getreide hatten dann selbstverständlich unmittelbaren Einfluss auf die Verteilung. Der Grundherr und spätere Gutsherr beanspruchte zu allererst seinen Anteil und erst danach kamen die Häusler an die Reihe. Neben dem Getreide war der Anbau von Flachs allgegenwärtig. Aus den Fasern entstand über mehrere Arbeitsgänge das Leinen. Leinwand spielte im Leben der Bauern, überhaupt der einfachen Menschen in der damaligen Zeit, eine große Rolle. THARAEUS betonte dazu "Von der Windel bis zum Sterbekleid dient sie dem Bauer Hemd, Kragen, Kittel, Strümpfe, Züchen und Bettzeug, Schlafhaube und Schnupftuch, alles ist aus gewebter Leinwand gefertigt." Sicherlich war das schon die Ausstattung eines Kossäten oder Bauern und nicht unbedingt typisch für den besitzlosen Häusler in Wasserburg, der trug nur grobes Leinentuch. Ein Spinnrad und ein Webstuhl waren erst ab Mitte des 18. Jahrhunderts auch in der Wasserburger Mühle und bei den ersten Siedlern vorzufinden. Wenn er die Lebensbedingungen rund um Storkow schilderte, wird deutlich, dass er keinen Unterschied zwischen Wenden und Deutschen machte. Aus seiner Kenntnis heraus lebten beide Bevölkerungsteile gleich gut oder schlecht, zumal der wendische Volksanteil in diesen preußischen Ortschaften noch dominierend war. Das Prinzip der Eigenversorgung war ein Gebot der Zeit. In unserem Ort ist das Abhängigkeitsverhältnis zwischen Häusler und Grundherrn immer spürbar gewesen. Der übliche Frondienst in Mühle und auf dem Acker sicherte gerade das Überleben der Familie. Bis zu dem per 15. Juni 1728 erfolgten Verkauf an das preußische Königshaus kann von derartigen Lebensverhältnissen auch im Flecken Wasserburg ausgegangen werden. Bauern gab es jedenfalls zu dieser Zeit in Wasserburg nicht. Dies sollte sich erst mit der sogenannten preußischen Bauerbefreiung ändern.

BÜDNER UND KOLONISTEN

In der Geschichte von Groß Wasserburg tauchen immer wieder die Standesbezeichnungen Häusler, Büdner und später Kolonisten auf. Als Häusler wird der Müller mit seiner Familie als die ersten Bewohner von Wasserburg erwähnt. Ihre Ansiedlung erfolgte durch die Münchehofer Grundherren. Büdner, als Standesbezeichnung, treten ab Mitte des 18. Jahrhunderts auf und der Kolonist sogar erst mit der Separation, auf. Diese Abfolge der o. g. Bezeichnungen widerspiegeln zumindest auch die Reihenfolge der Untertänigkeitsverhältnisse, also ihrer Zugehörigkeit zu einem Stand.

Der preußische Staat basierte auf einer Ständeordnung und der Bauer gehörte dem untersten Stand an. Innerhalb des Bauernstandes gab es noch graduelle Abstufungen, die sich in den Besitzverhältnissen begründeten. In Wasserburg lebende Häusler und Büdner gehörten dem untersten Drittel dieses Standes an. DETLEF MIETHE definiert in seiner Geschichte von Kossenblatt recht treffend das damalige Standesverständnis als ein Abhängigkeitsverhältnis, in dem er festhielt: "Jedermann war 'Unterthan' und gehörte einem Stand" an. Zu beachten ist, dass mitunter in amtlichen Dokumenten ein ursprünglich als Büdner bezeichneter Siedler auch als Kolonist angesprochen wurde. So ist z. B. der Christian Müller in seiner Erbverschreibung vom 1. April 1791 als Büdner benannt. Einer seiner Nachfahren, der am 29. September 1870 geborene Franz Müller, bestand dagegen auf den Titel Kolonist. Also innerhalb von rund 80 Jahren haben sich die Standesbezeichnungen Büdner und Kolonist zumindest im Bewusstsein der Einwohner als ein gleichwertiger Stand manifestiert. In der Folge wird immer wieder auf den Rechtsakt einer Erbverschreibung zu verweisen sein. Diese Erbverschreibungen beinhalten eine wirtschaftliche und persönliche Abhängigkeit des Büdners vom Gutsherrn. Mit der preußischen Bauernbefreiung endet diese Form der Abhängigkeit und ermöglichte nach ihrer Durchsetzung auch in Groß Wasserburg den Stand eines freien Bauern.

Ursprünglich wurden die ersten Neusiedler des Ortes nach 1728 auch nur als Häusler bezeichnet und standen damit auf der gleichen gesellschaftlichen Stufe wie die wenigen bisher Ansässigen. Ein Häusler war damals vollkommen rechtlos und besaß weder Haus noch Land. Sie konnten jederzeit durch den Grundherrn ausgetauscht oder innerhalb ihres Besitzes umgesiedelt werden. Auch wenn im Jahr 1600 ein Müller, erwähnt wurde, war er mit Sicherheit nicht als Pächter und schon gar nicht als Besitzer der Wasserburger Mühle zu betrachten. Denn Grundherr und somit Eigentümer waren immer noch die von Langen. Nach Ende des 30jährigen und später dem 7jährigen Krieg begann durch Preußen die Gewinnung von Siedlern im großen Umfang. Es galt, den enormen Verlust an Menschen schnellstmöglich auszugleichen. Auch das Gebiet um den Unterspreewald war davon nicht ausgenommen. Die Ansetzung von ausländischen Kolonisten kurz nach Ende des 7jährigen Krieges hat wahrscheinlich keinen sofortigen Erfolg wie angedacht gezeitigt. Es musste eine Lösung gefunden werden, denn die wirtschaftliche Lage Preußens war schon recht schlecht wenn nicht gar als katastrophal einzuschätzen. Alle drei Schlesischen Kriege haben in Gesamtheit das Königreich Preußen, mit ihren hohen Verlusten an Mensch und Material, in einen desolaten Zustand versetzt. Es kam zu einer recht pragmatischen Lösung, ein jetzt nicht mehr benötigter Teil der preußischen Armee wurde aufgelöst. KUGLER beschrieb diesen Zustand in seiner ‚Geschichte Friedrich des Großen' wie folgt: „... um den stockenden Betrieb in Land und Stadt wiederum in Bewegung zu setzen. Da die Felder unbebaut lagen, da es an Saatkorn, an Vieh, an Händen zur Bestellung der Äcker fehlte, so verteilte er ...“[18], auch zur Verhinderung einer sich abzeichnenden Hungersnot, Getreide und Mehl aus noch vorhandenen Kriegsvorräten. Dazu kam die Freigabe von ca. 35.000 Armeepferden. Von diesen kam allerdings keines in Wasserburg an. Seine Büdner blieben bis weit in die Separationszeit gespannlos. Daneben hat Friedrich II. bevorzugt inländische Soldaten, also Brandenburger und Preußen, aus der Armee entlassen. Sie sollten schwerpunktmäßig auf wüsten Höfen angesiedelt werden. Entlassene Soldaten stellten so einen gewissen Anteil an Siedlern in der Mark Brandenburg. Dass das über mehrere Jahrzehnte eine gängige preußische Praxis war, belegt eine von ERXLEBEN erwähnte Erbverschreibung für Groß Wasserburg, auf die später noch detailliert eingegangen wird. Begleitende Maßnahmen wie staatliche Unterstützung zum Aufbau bäuerlicher Wirtschaften, die Ausreichung von Erbverschreibungen oder mehrjährige Aussetzung von Abgaben unterstützten diesen Prozess. Ab diesem Zeitpunkt tritt jetzt der Büdner als ein eigener Stand in den preußischen Dörfern des Unterspreewaldes auf. Auch im Amt Krausnick, mit seinem Vorwerk Groß Wasserburg, kam es zu Neuansiedlungen. Die neuen Siedler gingen dabei ein Vertragsverhältnis mit dem Grund- bzw. Gutsherrn ein. Ein Umstand der nach dem Verkauf an den preußischen König und der damit einsetzenden Wandlung zur gutsherrschaftlichen Bewirtschaftung auch für Krausnick und sein Vorwerk zutrifft. Bis weit in das 20. Jhd. hinein stellten die Büdner innerhalb der sozialen Dorfhierarchie den größten Teil der Ortsbewohner. Die landläufigen Vorstellungen, dass die Besiedlung von Groß Wasserburg nur mit deutschen Kolonisten erfolgte ist im Ergebnis der Sichtung der vorliegenden Dokumente nicht richtig. Keiner der damals in Groß Wasserburg Angesiedelten wird als Kolonist bezeichnet. Es wird immer von Siedlern gesprochen und im Weiteren auch die Rede sein. Selbst die Siedlungsform des heutigen Ortes lässt keinen deutschen Gründungskern erkennen. Die Wassermühle war aber mit Sicherheit der erste Wirtschaftshof im späteren Vorwerk. Aufgrund der örtlichen Gegebenheiten erfolgte die Ansiedlung meist auf dem sandigen Ausläufer der Krausnicker Berge. Eine Gefahr für die Zerstörung der Höfe durch Hochwasser ist dadurch weitestgehend ausgeschlossen. Sehr wenige Grundstücke, eigentlich nur sechs, liegen in dieser Gefährdungszone. Das Dorf entwickelte sich daher zu einem Straßendorf. Alle Neusiedler sind immer am Ende der vorhandenen Hofzeile angesetzt worden. Die ursprüngliche Nummerierung der Grundstücke macht deren Entstehungsreihenfolge erkennbar. Mit dem in der DDR ab 1. Januar 1969 eingeführten Territorialen Grundschlüssel (TGS) sind die Grundstücksnummern in einer neuen Reihenfolge erfasst worden und begannen mit dem VEB Holzwaren als Dorfstraße 1 und dann fortführend. Diese durchgängige Grundstücksnummerierung ist heute noch gültig. Soviel zur Klärung zwischen alter und neuer Grundstücksnummer. Aus der alten Nummerierung geht hervor, dass die ersten Höfe rund um den heutigen Platz vor der Gaststätte und dann in Richtung Krausnick entstanden. Grundstücke ab der alten Hofnummer 40 sind erst nach 1900 entstanden. Ein vom König bereitgestelltes Haus war in seiner Bauweise ein Ernhaus. Diese traufseitig erschlossenen Wohnstallhäuser standen immer längs am Krausnicker- bzw. Köthener-Weg. Als Ern bezeichnete man den meist mittig angeordneten Flur mit offenem Herd von dem es direkt zum Wohnraum und Stall ging. Die Fachwerkgebäude erhielten ein Dach aus Roggenstroh. Wenige Fotos und Ansichtskarten lassen erkennen, dass die Bauweise dieser Häuser fast als typisiert zu bezeichnen ist.

Häuser am Krausnicker Weg, heute Dorfstraße

Erst später, meist im Ergebnis der Separation sind extra Stallungen errichtet und das gesamte Haus zur Wohnung umgebaut worden. Bei im 20. und dem beginnenden 21. Jahrhunderts erfolgten Umbauten und Modernisierungen trat mitunter die alte Hausaufteilung in Wohn- und Stallbereich zutage. Meist deutlich an einer unterschiedlichen Deckenkonstruktion erkennbar. Nach Angaben des ehemaligen Baubeauftragten der Gemeinde, Oskar Lehmann, konnten bei Modernisierungsmaßnahmen von alten Wohnhäusern Schornsteine mit einem Querschnitt von 55 mal 55 cm ab Deckenhöhe freigelegt werden. Darunter befand sich dann direkt über der offenen Feuerstelle ein trichterförmiger Rauchfang. Qualm und Ruß schwärzten die Wände. ‚Schwarze Küche' rührte aber nicht von den geschwärzten Wänden her sondern weil der Raum

fensterlos war. Zum Hof hin waren die Küchen und damit das Haus über eine sogenannte Gagentür zu betreten. Gagentür bedeutet, dass sie zweigeteilt war. Nach
Öffnung der oberen Türhälfte kam Licht in den dunklen Raum und der geschlossene
untere Teil verhinderte das Eindringen von Hühnern, Gänsen oder Enten, die ja frei
auf dem Hof umherliefen. In Wohnräumen kamen Deckenbalken, Staken und Bretter
mit einem Lehm-Strohgemisch zum Einsatz. Für den Stallbereich reichten dagegen
Stangen mit einer leichten Lehm-Stroh-Gemisch-Abdeckung aus. In der bereits angeführten Geschichte des Kreises Beeskow-Storkow von PETERSEN kann man zur
Besiedlung einen interessanten Einblick[19] erlangen, wenn er erwähnt, dass Preußen
auch die "Ansetzung von Büdnern in den alten Dörfern" betrieb. Wasserburg gehörte
aufgrund der vorliegenden Siedlungsnachweise mit Sicherheit dazu. Für ein Haus
wurden „190 Taler und freies Holz, [...] angewiesen". Daneben erhielt jeder Siedler
ein bis zwei Morgen "Gartenland" und ein paar Morgen "wüstes Land und Wiese". Er
führte dazu auch an: "Das Besitzrecht und die Abgabeverhältnisse der Kolonisten
gegenüber dem Gutsherrn waren von Fall zu Fall verschieden, sie wurden jedes Mal
besonders festgesetzt". So konnten die Erbverschreibungen in ihrer Ausgestaltung
von Dorf zu Dorf also unterschiedlich ausgestaltet sein. Meist lag das in den zeitlich
auseinanderliegenden Ansiedlungswellen begründet. Schon Friedrich I., also der
Soldatenkönig, hat mit seiner Verordnung vom 29.02.1720 Siedler ins Land gelockt.
So ist davon auszugehen, dass bereits im Zuge dieser Ansiedlung sächsischer Kolonisten von 1740 bis 1755 auch eine Anzahl neue Siedler in Wasserburg sesshaft
wurden. So erwähnte man 1748 erstmals neben der Mühle auch 11 Häusler. Ob es
sich dabei um Siedler aus dem nahen Sachsen handelte, wie es z. B. für Neu Lübbenau zutreffend war, kann leider nicht belegt werden, es fehlen einfach entsprechende Niederschriften. Erst ab dem Jahr 1766 gibt es schriftliche Belege für mehrere neue Ansiedlungen. Für das Jahr 1775 werden jedenfalls 14 Büdner in Groß Wasserburg als sesshaft gemacht angegeben. Die Gesamtzahl der Bewohner dürfte aber
um einiges größer gewesen sein. Bei den 14 Büdnern handelte es sich ja nur um die
aufgeführten vertragsfähigen männlichen Familienvorstände. Eine vorsichtige Schät-
zung von ca. 75 bis 80 Siedlern kann durch die 1772 genannte Einwohnerzahl von 77
an den 10 Feuerstellen als bestätigt gelten. Oberamtmann TEMPELHOF führte in
seinem Bericht vom 22. September 1785 an, dass von den 12 in Wasserburg "angesetzten Siedlern" allein 6 Niederlausitzer sind. Allein von diesen werden 5 als wendische Siedler erwähnt. Hier wie in der Folge wird der Titel Kolonist für die Ansiedler
vermieden. Auch in den Erbverschreibungen und späteren separationsbedingten
Rezessen wird immer nur von und über Büdner gesprochen. Da der Großteil der Niederlausitz sächsisch war und somit auch die von dort stammenden Siedler in Wasserburg nach damaliger Staatsrechtsauffassung ursprünglich Ausländer waren könn-

ten die ersten Siedler auch von dort gekommen sein. Besonders die nahen sächsischen Orte Schlepzig, Waldow, Oderin, Rietzneuendorf oder Briesen lassen derartige Siedlungsbewegungen möglich erscheinen. Die Siedler haben meist ab Mitte des 18. Jahrhunderts über Erbverschreibungen das Land zugeteilt bekommen, mussten es urbar machen und abgabepflichtig bewirtschaften. Erbverschreibungen bedeuten in erster Linie Erbuntertänigkeit und somit die wirtschaftliche und persönliche Abhängigkeit vom Gutsherrn, hier dem Amtmann in Krausnick. Für Groß Wasserburg ist eine Erbverschreibung[20] des Büdners und entlassenen Soldaten George Nickel vom 1. Juli 1786 zumindest auszugsweise erhalten, ERXLEBEN zitierte:

"Zu wissen. Nachdem Seine Königl. Majestät in Preußen, Unser allergnädigster Herr, zum Etablissement einer namhaften Anzahl ausländischer Büdner auf den platten Lande der Churmark, auch zur Unterbringung ausrangierter, oder in Reih und Glieder stehender Soldaten die dazu erforderlichen Baukosten aus höchstdero Kasse ohnentgeldlich anweisen lassen, und denn dergleichen Büdner Etablissements auch im hiesigen Amte und zwar bey dem Dorfe Waßerburg zu Stande gebracht, als ist den Soldaten hochlöbl von Bornstädtschen Regiment George Nickel in dem ersten am Krausnickschen Wege neu erbauten Hause die Stube, Kammer und Stall beim Eingang linker Hand zur Wohnung und 3 Morgen 60 Quadratruten auf nachstehende Bedingungen überlassen und denselben gegenwärtige Erbverschreibung darüber erteilt worden."

Interessant, auch hier erfolgte keine Titulierung als Kolonist. ERXLEBEN konnte bei seinen Recherchen auf die alten Krausnicker Kirchenbücher zurückgreifen und hätte dann einen entsprechenden Titel auch ordnungsgemäß wiedergegeben. Jedoch, auch er behielt den althergebrachten Büdner bei. Für damalige Verhältnisse waren die königlichen Vergünstigungen, wie sie in den Erbverschreibungen enthalten sind, schon etwas Besonderes und ein lohnender Anreiz sich sesshaft zu machen:

- Der zu entrichtende Erbzins durfte nicht erhöht werden.
- Bereitstellung von Land und die Errichtung des Gebäudes auf Kosten des Landesherrn
- Erbüberlassung der Wirtschaft und steuerliche Freijahre, häufig für 3 Jahre.
- Eine Befreiung vom Wehrdienst, meist auf den vertragsabschließenden Büdner begrenzt
- Ein Anrecht auf Brennholz für eine sehr geringe Gebühr und verbilligtem Bauholzeinschlag aus den königlichen Wäldern
- Letztendlich noch ein Weiderecht in den königlichen Forsten

Unter den von ERXLEBEN bezeichneten "nachstehende Bedingungen" sind weiterhin noch die uneingeschränkte Dienstpflicht, der Gesindezwang der Kinder, der Mühlenzwang, Abgabe von Naturalien und die Schollenpflichtigkeit zu verstehen. Schollenpflichtigkeit bedeutete für den Büdner, dass er seine zugeteilte Siedlerstelle weder aufgeben noch verlassen durfte, ganz im Gegensatz zu den Kolonisten in Neu Schadow oder Neu Lübbenau. Hinzu kam die durch den Amtspächter ausgeübte Dominalgerichtsbarkeit. Zu erwähnen ist auch, die Handdienste waren auf dem Amtsgut in Krausnick an mindestens drei Tagen in der Woche zu leisten. Ein damaliger Arbeitstag begann kurz nach Sonnenaufgang und endete gewöhnlich erst mit Sonnenuntergang. Also, ein harter Fron und nichts von wegen 8 Stundenarbeitstag. Trotzdem Schollenpflichtigkeit war keine Leibeigenschaft und man ackerte wenigstens auf einem kleinen Stück Land für sich und seine Familie. Zu beachten ist in diesem Zusammenhang, die angesetzten Siedler waren und blieben auf unbestimmte Zeit Büdner. Noch während der Separation werden in Groß Wasserburg neben dem Müller, dem Teerofenbesitzer und einem Schäfer nur Büdner erwähnt. Auch der Dorfschulze Noack war 1852 vom Stand her Büdner, dafür aber mit gewissen verwaltungsrechtlichen Befugnissen ausgestattet. Ob es durch die aufgeführten Begünstigungen der Neusiedler zu Anfeindungen oder gar Auseinandersetzungen mit den alten Ortsansässigen kam, ist nicht anzunehmen. Vielmehr ist davon auszugehen, dass im Zuge der Ansiedlungspolitik von Friedrich II. alle bereits in Groß Wasserburg lebenden Häusler schrittweise über nachträglich abgeschlossene Erbverschreibungen zu Büdner wurden und somit einheitliche Standesverhältnisse geschaffen waren. Dafür spricht auch, wenn 1748 nur Häusler erwähnt und 1775 bereits ausschließlich von Büdnern in Wasserburg die Rede ist. Nachweisbar sind jedenfalls 23 Erbverschreibungen[21] ab dem Jahr 1766. Das Vertragsdatum ist als Ansiedlungsdatum zu verstehen. Im Einzelnen sind aufgeführt:

2. Januar 1766	Johann George Schadow
6. Februar 1778	Christian Winzer
1. Januar 1786	Martin Schlicht
1. Juli 1786	Christian Schüler
	Johann George Köppen
	Johann Christ
	Martin Veltin
	George Luban
	Christian Friedrich Fischer
	George Blischke
	Gottfried Knabe

	Martin Krause
10. April 1788	Christian Ackermann
20. Juni 1790	Christoph Butzka
	George Noack
25. Juni 1790	Witwe Anna Marie des Christian Kuhlicke
	Gottlieb Wulf
26. Juni 1790	Christian Kuchnat
1. April 1791	Christian Müller
	Martin Richter
	Christoph Dramisch
14. Oktober 1791	Hans George Domke
	Johann George Schwängen (Gottfried Thinius)
6. März 1796	Mühlenmeister Johann Friedrich Nenichen

Mehrere heute noch im Ort lebende Familien können dank dieser 1801 erstellten Aufstellung somit auf eine lange Ortsansässigkeit und Familiengeschichte zurückblicken. Das betrifft immerhin 8 Familien. Nach Aussterben der männlichen Erblinie kam es häufig zur Einheirat in andere ansässige Familien. Die Auflistung war allerdings nicht ganz vollständig, denn der Büdner Richter (später Schmogerow) fehlte. Das Datum seiner Erbverschreibung vom 2. Januar 1766 wurde erst aus den Akten eines Rechtsstreites vom 26. März 1870 ersichtlich. Es änderte sich interessanterweise auch die Schreibweise des Namens Schmogerow in ein späteres Schmogrow. Der Johann George Schadow war 1766 der erste Dorfschulze und kann damit als die erste Verwaltungsperson angesehen werden, wenn auch nur im Auftrag des Krausnicker Amtmannes. Er war für die Organisation der Frondienste und die Durchsetzung der Anweisungen zuständig. Seine soziale Stellung innerhalb des Vorwerks war damit etwas herausgehoben. Über die preußischen Ansiedlungen wird ein rascher Anstieg der Einwohnerzahl in Groß Wasserburg erreicht. Weiterhin ist belegt, dass es zwei Ansiedlungswellen für Wasserburg gab, eine vor und die zweite nach den Schlesischen Kriegen. So für das Jahr 1748 mit seinen 11 Häuslern und dann 1766 mit den erwähnten 23 Erbverschreibungen. Auch die dazu eingesetzten finanziellen Mittel scheinen diese Annahme zu bestätigen. Es galt, den enormen kriegsbedingten Bevölkerungsverlust in Brandenburg so schnell wie möglich auszugleichen. Die "Statistisch-Topographische Beschreibung der Kurmark Brandenburg" des VON BORGSTEDE aus dem Jahr 1788 benennt für die preußische Region um den Unterspreewald nur die drei Kolonistendörfer Neu Schadow, Hohenbrück und Neu Lübbenau. Warum allerdings die bereits erwähnten 11 Häusler von 1748 oder die 14 Büdner aus 1775 für Groß Wasserburg keine Erwähnung fanden, obwohl sie in ihrer

Anzahl denen in den Kolonistendörfern ebenbürtig war, ist aus seinen Auflistungen nicht erkennbar. Er führt zwar in einer Tabelle für den Beeskow- u. Storkowschen Kreis[22] an, dass in den Jahren von 1775 bis 1777 insgesamt 241 Siedler "etabliret", also angesetzt wurden. Allein ein örtlicher Nachweis fehlt und so kann nur angenommen werden, dass die oben genannten Wasserburger Siedler dieses Zeitraumes hier einfach zahlenmäßig mit aufgegangen sind. BORGSTEDE trennt in seinen Auswertungen strickt zwischen Einlieger und Kolonisten und beschreibt königliche Vorgaben für Erbverschreibung der Kolonisten. Zitat[23]: "Was insbesondere die Kolonisten auf dem platten Lande betrifft, so werden ihre Rechte und Verbindlichkeiten sogleich durch die Erbverschreibung bestimmt, welche sich auf ein vor der Ansetzung aufzunehmendes Engagements-Protokoll gründet. Kein Kolonist darf zwey Etablissements besitzen. Sein Gut ist zwar erbliches Eigenthum, er darf es aber vor der dritten Generation gar nicht und nachher nur an einen Fremden veräußern. Als Ausnahme wird die Veräußerung vorher gestattet, wenn das Kaufgeld zum Etablissement des Kolonisten im Lande wieder verwandt wird. Auf die Erben geht ein Kolonistengut ohne Ausnahme, es wird nur dem Annehmer nach einer so billigen Taxe angeschlagen, daß er dabay bestehen kann und Gebäude und Inventarium kommen nicht in Anschlag." Er spricht zwar nur von Kolonisten, aber in dem von ihm analysierten Jahren dürfte es sich auch um die Ansiedlungen in Groß Wasserburg gehandelt haben.

Auf den vorhandenen Erbverschreibungslisten ist der Teerofen am Pichersee nicht mit aufgeführt. Er wird, so auch von FRANZ MÜLLER, dem ehemaligen Ortschronisten von Märkisch Buchholz, als nach Köthen zugehörig aufgeführt obwohl er nachweislich in der Gemarkung von Groß Wasserburg lag und auch noch heute liegt. Erst im Zuge der Separation wird der Teerofen offiziell dem Ort Groß Wasserburg zugeordnet. Die Teerschwelerei dürfte bereits unter der Herrschaft der von Langenn bestanden haben und wird dann aber ab 1745 immer gesondert erwähnt. Als Picher, die damalige Bezeichnung eines Teerschwelers, wird mehrmals ein gewisser Lucas genannt. Eine über viele Jahrzehnte andauernde Bewirtschaftung durch diese Familie lässt darauf schließen, dass die Picherei mehrmals vom Vater auf den Sohn überging. 1774 kaufte dann ein Lucas von der Königlichen Hofkammer[24] ein Grundstück als "Teerschweletablissement" für 60 Taler. Eine im Februar 1780 ausgestellte Erbzinsverschreibung bestätigte ihn jedenfalls als Eigentümer von 1 Morgen und 19 Ruten für 2 Ackerstücke und 6 Morgen und 119 Ruten für 2 Wiesen sowie die Weidefreiheit für 2 Kühe und 3 Ochsen. Drei Ochsen zum Holztransport verdeutlichen aber auch, dass die Picherei relativ ergiebig war. In den Folgejahren wird der Teerofen immer wieder genannt und 1858 explizit als der ‚Lucas Teerofen'. 1844 stellte der Picher Lucas sogar ein Gesuch auf Vererbpachtung[25] von Forstland im Wasserburger

Revier. Einen weiteren Versuch auf einen Erwerb hat Lucas allerdings unterlassen, denn die industrielle Entwicklung in Deutschland verschlechterte die Wirtschaftlichkeit der Teerschwelerei zunehmend. Eine Ursache war die gewinnbringendere Förderung von Kohle und deren höheren Nutzungsgrad bei der Verhüttung von Eisenerz sowie bei der Herstellung von Destillaten für die Industrie gewesen. 1898 kam es dann zu einem Verkauf und bereits 1913 war am Pichersee ein Forsthof für einen Forstaufseher entstanden. Somit ist der Name des Sees die einzig übrig gebliebene Erinnerung an das alte Gewerk des Teerschwelens. Inwieweit es allerdings verwandtschaftliche

Bindungen zu dem Büdner Lucas in Groß Wasserburg, erwähnt im Rezessprotokoll über den Wasig-Busch, ist offen bzw. den heutigen Nachfahren nicht bekannt.

Durch die doch recht erfolgreiche preußische Ansiedlungspolitik und seiner dadurch stark gewachsenen Bevölkerung waren auch mehr Lebensmittel erforderlich. Mit der bisherigen Form der landwirtschaftlichen Erzeugung war das nicht mehr machbar. Es dominierte immer noch die mittelalterliche Dreifelderwirtschaft um den Unterspreewald. Also eine Veränderung der Erzeugungsweise musste her, und das ging aber nur über eine drastische Änderung der Besitzverhältnisse an Grund und Boden. Als Separation gingen diese Veränderungen in die Geschichte ein. Daneben gab es aber auch eine Veränderung in der Erzeugnisstruktur. In diesem Zusammenhang muss es den preußischen Herrschern wie ein Wunder vorgekommen sein, dass die aus Südamerika stammende Kartoffel besonders auf ihren sandigen brandenburgischen Böden einen ausreichenden Ertrag abwarf. So förderten sie deren Anbau. Um 1750 wurde bereits darauf verwiesen, dass "Seit etlichen und zwanzig Jahren werden die Tartüffeln", so nannte man damals noch die Kartoffeln, "in der Mark gezogen,..." und "In den Jahren 1744/45 wurden Kartoffeln kostenlos als Saatgut an die Bevölkerung verteilt" [26]. KRAUSCH führte weiterhin an, dass Friedrich II. im Jahre 1748 die Anpflanzung von Kartoffeln befohlen hat, besonders wo die Äcker "...ingrat..." (undankbar) sind. Jeder Bauer musste pro Hufe den fünfzehnten Teil, also 2 Morgen, anbauen. Auch an die königlichen Domänen und Ämter erging sehr bald die Forderung, den Kartoffelanbau zu forcieren. Heute ist die Kartoffel ein fester Bestandteil der Landwirtschaft unserer Region, als Volksnahrungsmittel und Grundstoff für die Lebensmittelindustrie nicht mehr wegzudenken. Unter dem Strich also ein Erfolgsmodell.

Ein weiteres landwirtschaftliches Experiment wurde ebenfalls in der damaligen Zeit mit größerer Beharrlichkeit verfolgt: Die Seidenraupenzucht. In Groß Wasserburg gab es dazu, wie in den meisten Dörfern Brandenburgs, sichtbare Ergebnisse. Die Zentren zur Herstellung von seidenen Strümpfen und Taschentüchern lagen für Preußen in Magdeburg und Potsdam. BECKER lässt Friedrich den Großen sagen: "Die Seidenraupenzucht liegt noch in der Wiege. Möglich ist sie. Der Große Kurfürst hatte auf allen Friedhöfen der Mark Maulbeerbäume pflanzen lassen. Diese ertrugen von 1700 bis 1740 alle Winter und es wurde etwas Seide hergestellt. Der Versuch ist also gelungen und heute stehen über 400.000 große und kleine Bäume im Lande"[27]. Dass die Seidenraupenzucht keiner sporadischen königlichen Laune entsprang, sondern handfeste wirtschaftliche Gründe hatte beweist der Durchsetzungswille. Denn die Strafen bei Nichtdurchsetzung waren doch schon recht drastisch, wenn gar Stäuben

oder Festungshaft angedroht war. Um den Unterspreewald wurden ebenfalls Maulbeerbäume angepflanzt. Dr. KUMMER bezieht sich in seinem Beitrag „Vom Seidenbau in Krausnick" im Lübbener Heimatkalender 2005 auch in einem Abschnitt auf Groß Wasserburg. 1848 schloss der Schneidermeister und Seidenraupenzüchter Martin Wunderlich aus Groß Wasserburg einen Pachtvertrag über 60 Jahre mit der Königlichen Hofkammer zur Nutzung von 2 Morgen im Großen Grund. Neben den Bäumen auf dem Schul- und Friedhof gab es somit ein Maulbeerbaum-Areal direkt angrenzend an die Ortslage auf dem Großen Grund. Später konnte dieses Pachtland von seinen Nachfahren gekauft werden. Auch in den Jahren vor, während und nach dem II. Weltkrieg versuchte man die Seidenraupenzucht wieder zu beleben.

Einige der damaligen Schüler erinnerten sich noch daran. Regelmäßig mussten die

Blätter der Maulbeerbäume gezupft und den Raupen als Futter gereicht werden. Ein durchschlagender wirtschaftlicher Erfolg stellte sich wie schon vor über 100 Jahren auch jetzt nicht ein. Gegenwärtig erinnert nur noch ein einziger Maulbeerbaum auf dem ehemaligen Schulhof, dem heutigen Gemeindeamt, an diese Versuche. Am 1. Juni 1794 trat das Allgemeine Landrecht für Preußen (ALR) in Kraft. Damit begann eine längst fällige und notwendige Veränderung auf dem ‚platten Lande', die weitestgehend ihren Abschluss mit der Separation fand. Hierzu gab es erste königliche Impulse im Rahmen einer Überarbeitung des Entwurfes von 1783. Gerechterweise muss dazu bemerkt werden, dass Friedrich II. an einer tiefgreifenden Veränderung der Abhängigkeitsverhältnisse auf dem Lande wenig Interesse zeigte. Der Adelsstand mit seinen gutsherrlichen Rechten sollte als Stütze des preußischen Königreiches auch weiterhin unangetastet bleiben. So änderte sich durch das Allgemeine Landrecht für die Büdner und Siedler in Groß Wasserburg anfangs nichts. Der Krausnicker Amtmann stand nach wie vor mit uneingeschränkter Macht über ihnen. Entscheidender für die Region um den Unterspreewald wurde die Abschaffung der Gutsuntertänigkeit der Bauern in Preußen mittels des Ediktes vom 9. Oktober 1807. Diesem Edikt ging eine gewisse Vorwegnahme auf den Königlichen Domänen seit 1799 voran und betraf damit auch die Domäne Münchehofe. Für die Büdner war das Edikt deshalb wichtig, weil es auch für sie die Abschaffung der Erbuntertänigkeit bedeutete und sollte natürlich auch die Ablösung der feudalen Lasten für die Groß Wasserburger bringen. Dem war allerdings nicht so, denn die nicht spannfähigen Wirtschaften blieben vorerst davon ausgeschlossen. Weil es damals keine spannfähigen Büdnerwirtschaften im Ort gab, ganz im Gegensatz zu den Nachbarorten Krausnick, Köthen oder Leibsch. Bereits in 1745 wurde darauf verwiesen, dass in Wasserburg keine Bauern oder Kossäten[28] siedelten. Die Büdner besaßen, wie schon angedeutet, keinerlei Eigentumsrechte an dem von ihnen bewirtschafteten Acker. Sie hatten ein Nutzungsrecht, als sogenannten Lassbesitz übertragen bekommen. Mit den Erbverschreibungen veränderte sich der Lassbesitz allerdings in ein erbliches Nutzungsrecht. Trotzdem war das kein freies bäuerliches Eigentum. Nach der 1801 erstellten Aufstellung bewirtschaftete keiner der 26 Siedler oder Einlieger eine Hufe. Hufe waren das damals gängige Flächenmaß für Bauern- und Kossätenwirtschaften und beinhaltete in Preußen 30 Morgen. Der durch den einzelnen Siedler und seine Familie zu bearbeitende Acker entsprach der Größe nach eher überdimensionierten Gartenbeeten und lagen dazu noch recht verstreut in der Gemarkung. In einzelnen Urkunden werden diese Flächen auch regelrecht als Gärten bezeichnet, wie z. B. in den Auseinandersetzungen mit dem Amtmann Palm von 1839. Auszugehen ist von zugeteilten Flächen mit etwas mehr als 3 preußischen Morgen pro Siedler. BRATRING bestätigte in seiner 1805 erschienenen ‚Statistisch-topografische Beschreibung der gesamten Mark Brandenburg' dass insgesamt 152 Menschen an 22 Feuerstellen im Vorwerk Groß Wasserburg lebten. Diese Büdner hatten damals rund 78 Morgen unter dem Pflug. Bereits zu dieser Zeit war eine soziale Differenziertheit zwischen den einzelnen Büdnern ersichtlich. Das drückt sich auch darin aus, dass neben dem einfachen Büdner mehrere sogenannte Großbüdner Erwähnung fanden.

SEPARATION UND IHRE FOLGEN

Für die Groß Wasserburger Büdner zog sich der Separationsprozess über mehrere Jahrzehnte hin. Vorgeschalten war diesem Prozess eine Legitimation der Separationsinteressen. In Groß Wasserburg waren die Büdner, der Müller, der Teerofenbesitzer und selbstverständlich der Amtmann als gutsherrlicher Pächter des Amtes Krausnick legitimiert. Eine Ablösung der gutsherrlichen Rechte war nicht umsonst zu haben, das erscheint logisch. Wer von den Kleinbauern konnte die Ablösebeträge schon aufbringen, und so erfolgte 1851 die Gründung einer Groß Wasserburger Rentenbank. Jetzt konnten die Ablösebeträge mittels Kredit beglichen werden. Mit der Folge, die Bauernwirtschaften waren mit einer Hypothek belastet. Fleißige und harte Arbeit glich aber dieses Manko aus und der Kredit konnte getilgt werden. Obwohl die regelmäßige Tilgung den Bauern mitunter schwer gefallen war ist positiv festzustellen, keine Groß Wasserburger Wirtschaft musste damals gepfändet werden.

Zunächst einmal zurück zum Anfang der sogenannten Bauernbefreiung. Was galt es, im Rahmen dieser Agrarreform zu verändern?

1. Abschaffung der Grundherrschaft
2. Aufteilung der Gemeine
3. Flurverfassung ändern
4. Schaffung von ungeteiltem bäuerlichen Eigentum

Gleichzeitig galt es, die Feudalabgaben sowie die persönlichen Bindungen zwischen Grund-/Gutsherrn und den Büdnern abzuschaffen. Im Ergebnis kam es zu einer Kapitalisierung der einstigen grundherrlichen Berechtigungen. Will heißen, durch die jetzt entstandenen Bauern wurden diese Berechtigungen über Landabtretungen bzw. Geldleistungen abgezahlt. In der Regel lag der zu zahlende Betrag beim 25fachen eines Jahresertrags. Damit ist sein erhaltenes bäuerliches Eigentum an Grund und Boden zu seinem persönlichen Kapital geworden. Ab da konnte er es erst ohne Einschränkung vererben, veräußern oder verpachten. Als einige Maßnahmen bereits ab

1763 auf den königlich preußischen Domänen angeschoben wurden, waren die Büdner davon ausgeschlossen. Das betraf selbstverständlich auch die Büdner in Groß Wasserburg. Erst mit den Edikten von 1807/1811 sowie dem Ablösegesetz aus dem Jahr 1821, welche als Stein-Hardenberg-Reform in die Geschichte einging, sollte sich das ändern. Von besonderer Bedeutung für die Büdner war die Abschaffung der Erbuntertänigkeit und der damit verbundenen Schollenbindung und dem Gesindezwang.

Edict

des

erleichterten Besitz

und

den freien Gebrauch des Grund-Eigenthums,

so wie die persönlichen Verhältnisse

der

Land-Bewohner

betreffend.

Memel, den 9ten October 1807.

Berlin,
gedruckt bey Georg Decker, Königl. Geheimen Ober-Hofbuchdrucker.

Wie vollzog sich der Vorgang Separation, was musste neu aufgeteilt und abgelöst werden? Auf Groß Wasserburg bezogen liegen allein 25 Aktenbände zu Rezessen und Ablöseverhandlungen im Brandenburgischen Landeshauptarchiv vor. Für damalige Verhältnisse ein ungeheuer bürokratischer und damit langwieriger Vorgang. Nebenstehend ist der Titel des sogenannten Oktober-Edict von 1807 abgebildet. Das „Edict, die Regulierung der gutsherrlichen und bäuerlichen Verhältnisse betreffend" vom 14. September 1811, die „Regulierungs- und Ablösebestimmungen" vom 29. Mai 1816 sowie die „Preußische Gemeinheitsteilungsordnung" vom 7. Juni 1821 schufen dazu die rechtlichen Grundlagen. Im Einzelnen waren in diesen Vorgängen das gutsherrliche Amt Krausnick, die königliche Oberförsterei Klein Wasserburg und die Büdner eingebunden. Zwischen dem Amt Krausnick und den Büdnern im Vorwerk Groß Wasserburg wurden im Zeitraum von 1821 bis 1858 die Reallasten, die Naturalabgaben und die Handdienste abgelöst. Auch die bestehende Hütungsgemeinschaft auf den Äckern und Wiesen ist in dem gleichen Zeitraum separiert worden. Die Ablösungen, den Königlichen Forst betreffend, gestaltete sich noch langwieriger. Hier ging es ja um die Ablösung der einst mit den Erbverschreibungen erteilten Nutzungsrechte. Von 1816 bis 1890 waren Hütungsgerechtsame im Forstrevier, Nutzholz- und Bauholzgerechtsame sowie die Streuberechtigungen vertraglich abzulösen. Vielfach ist dabei der Waldbesitzer, hier das Königshaus selbst, in der Pflicht. Wie umfangreich sich einzelne Vorgänge gestalteten wird an folgenden Vorgang deutlich, wenn man z. B. per 16. August 1823 den "Oeconomie Comissarius Krause" nachdrücklich aufforderte die Verfügung vom 10. Mai des Jahres, also das "Decretum in der Gross-Wasserburger Hutung Separations Sache"[29] durchzusetzen.

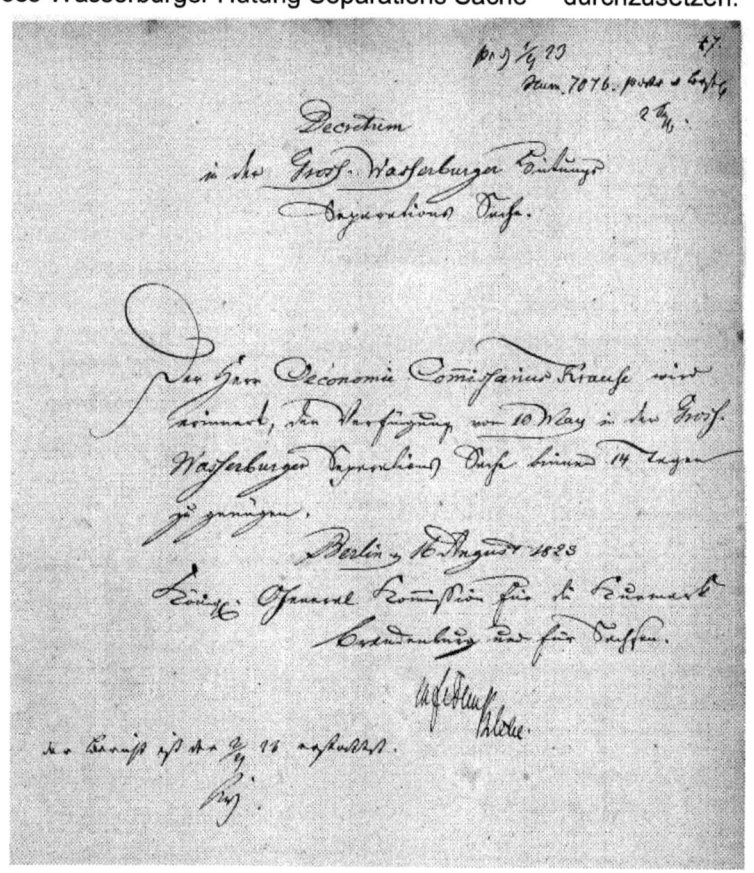

Es war ein recht komplexer Vorgang der gleich zwei Orte betraf, neben Groß Wasserburg auch noch Köthen. Es betraf die Neuberechnung der aufzuteilenden Hutungsflächen, denn Preußen hat per 16. Mai 1816 eine vereinheitlichte Maß- und Gewichtsordnung eingeführt. Somit hatte der Morgen nur noch 2552 m² und war damit 3118 m² kleiner als der alte preußische Morgen. Auch eine Quadratrute betrug jetzt nur noch 14,1846 m². Die Ablösesummen waren auf dem Flächenmaß von einem Morgen zu berechnen. Es war zwar eine flächenmäßige Neuberechnung angesagt, der Preis pro Morgen hat sich dabei aber nicht wesentlich zugunsten der Büdner verändert. Insgesamt standen 451½ Hufe zur Disposition. In diesem Zusammenhang ist ein Teil der Groß Wasserburger Feldmark in Größe von 167½ Hufen der Gemeine Köthen zugeordnet worden. Die Hutungsablösung kostete Vorwerk und Gemeine Groß Wasserburg insgesamt 98 Taler. Zwanzig Jahre später, am 4. Mai 1843, wurde "... die Hütungs-Separations-Sache im Wasigbusche nebst der Rietze"[30] zwischen dem königlichen Vorwerk Groß Wasserburg, der Gemeine Köthen und dem Pechofenbesitzer Lucas mittels einem Rezess erneut verhandelt und erst jetzt endgültig beschieden. Hutungsrechte regelten, welches und wie viel Vieh der einzelne Dorfgenosse weiden lassen konnte. Diese Gerechtsamen waren für die Büdner daher von existenzieller Bedeutung. Ihre Ablösung bedeutete gleichzeitig die Abkehr von der gewohnten Haltung der Rinder, Schweine, Schafe oder Ziegen. Stallhaltung war ab jetzt im Dorf angesagt. Die betreffenden Weideflächen wurden somit aus der Gemeine herausgelöst und gingen anteilmäßig in den Besitz der Bauern über. Unter der Flurbezeichnung ,Alte Land' finden wir einen Teil dieser abgelösten und aufgeteilten Flächen wieder. Zur Erläuterung, die Gemeine beinhaltete ein feudales genossenschaftliches Gemeinwesen welches u. a. durch die Gemengelage der Felder mit ihrem stringenten Flurzwang, der in der Dreifelderwirtschaft gründete, gekennzeichnet war. Das erforderte eine fortwährende Abstimmung der Bestell- bzw. Erntearbeiten oder der Klärung der Abfolge der Beweidung zwischen allen Büdnern des Vorwerkes. Eine solch vorhandene Gemengelage bedeutet letztendlich eine unauflösliche gegenseitige Abhängigkeit und Rücksichtnahme. Vor 1850 kam dem damaligen Dorfschulzen dabei eine große Verantwortung in diesen Abstimmungen bzgl. der Nutzung der Gemeine zu. Anfang des 19. Jahrhunderts lag der weideberechtigte Rindviehbestand pro Büdner von 1 bis 2 Kühen. Das Hutungsrecht beinhaltete eine gemeinschaftliche Beweidung des Dauergrünlandes, der abgeernteten Äcker, der jährlichen Brache und einen Teil des Waldes. In Groß Wasserburg verfügten die Büdner jedenfalls über das Hutungsrecht und damit einen Anspruch auf die Gemeine, zumindest ab der Ausreichung von Erbverschreibungen. Es war nur dahingehend eingeschränkt, das der Grundherr ebenfalls Mitglied der Gemeine war und unabhängig davon sein Beweidungsrecht auf dem Büdnerland durchsetzen konnte. Das war allerdings nach der Ablösung nicht mehr möglich. Obwohl 1801 bereits 23 Büdnergrundstücke plus Mühle vorhanden waren, galt Groß Wasserburg immer noch als Amtsvorwerk von Krausnick und nicht als ein selbstständiges Dorf. Mit dem Jahr 1837 sollte sich das allerdings ändern. Ab da spricht man von einem Dorf mit Forsthaus, Wassermühle, 24 Wohnhäusern und immerhin 255 Einwohnern. Wenn in diesem Zusammenhang neben den Büdnern von Einliegern gesprochen wird, dann kann man darunter Leute verstehen, die ohne eigene Feuerstelle zur Miete wohnten und evtl. den nicht erbberechtigten Anteil an Nachgeborenen repräsentierten. Immer wieder machte daneben die Münchehofer Domäne ihre Ansprüche geltend. Es ging um das sogenannte Wasig-Becken. Zu einer ersten für alle Parteien einvernehmlichen Lösung kam es mit dem Rezess 1842/43 über den "Wasigbusche", Einladung unten.

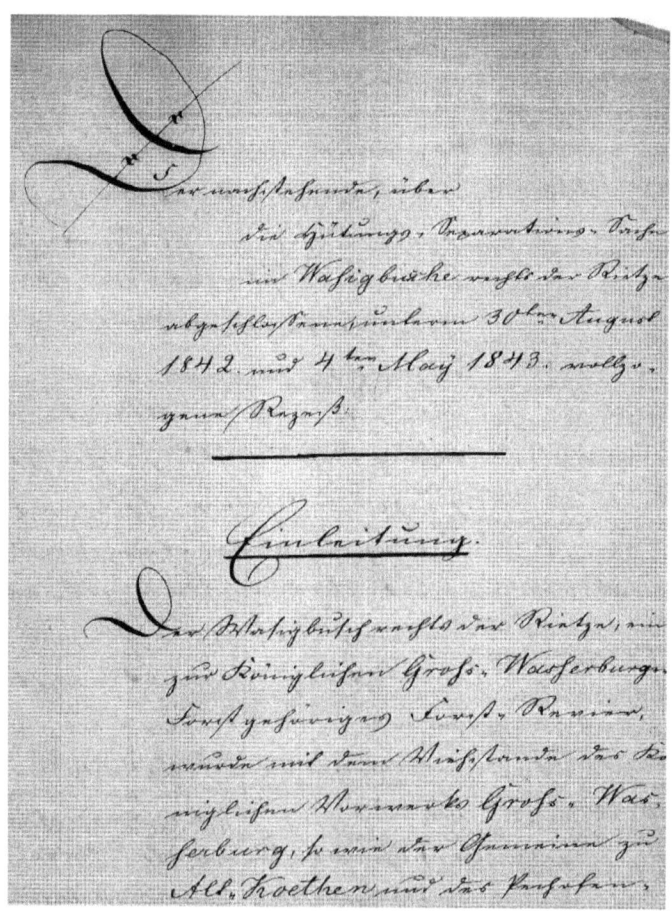

Die abgebildete Einladung belegt diesen bedeutsamen rechtlichen Vorgang. Übrigens war es nur eine erste Lösung, denn noch im 20. Jahrhundert stritt sich die Domäne mit den Groß Wasserburger Bauern um die Nutzungsrechte auf dem Wasig.

In Groß Wasserburg betraf dieser Rezess folgende Personen[31]:

Dem Besitzer der Wasser-, Mahl- und Schneidemühle, Johann Friedrich Gottlob Streichan

Dem Schänker und Büdner Johann Friedrich Winzer

Der verehelichten Büdner Krüger, Anna Frederike geborene Schadow

Der verehelichten Büdner Schlicht, Anna Sophie geborene Kulk

Dem Büdner und Maurer Johann Gottfried Tinius

Der verehelichten Büdner Hobeck, Anna Marie geborene Christ

Dem Büdner Karl Richter

Dem Schulzen und Büdner Karl Noack

Dem Büdner Johann Adolph Wuschig

Dem Besitznachfolger des Büdner Johann Friedrich Müller, Friedrich August Domke

Dem Büdner Christian Valentin

Dem Büdner Christian Drewisch

Dem Büdner Johann Friedrich Christian Pietzner

Dem Büdner Karl Friedrich Wilhelm Simon und seiner Ehefrau Friederike Louise geborene Wolff, beide gemeinschaftliche Besitzer

Der verehelichten Büdner Lucas, Anna Marie geborene Fischer

Dem Büdner Gottfried Richter

Dem Büdner Martin Purps

Der verehelichten Büdner Reinhardt, Anna Marie geborene Schlicht

Dem Büdner Christian Domke und dessen Ehefrau Anna Sophie geborene Luck, beide gemeinschaftliche Besitzer

Den Erben der verstorbenen Büdner Koeppen, Anna Elisabeth geborene Müller: a. deren Ehemann Johann Georg Köppen b. deren 2 majorenne Kinder Anna Caroline Friederike Köppen und Christian Karl Köppen

Dem Büdner Christian Friedrich Schüler und dessen Ehefrau Anna Marie geborene Luban

Dem Büdner Martin Richter und dessen Ehefrau Anna Elisabeth geborene Ackermann

Dem Büdner Christian Domke

Dem Büdner Johann Christian Schüler

Der Schule zu Groß Wasserburg

Für Köthen waren es[32]:

9 Kossäten (Henske, Luban, Nischke, Conrad, George Luban, Gottfried Luban, Wuschig, Miehlenz, Kuschatz)
Dem Johann Friedrich Lucas, als Erbzinsbesitzer der Pechhütte

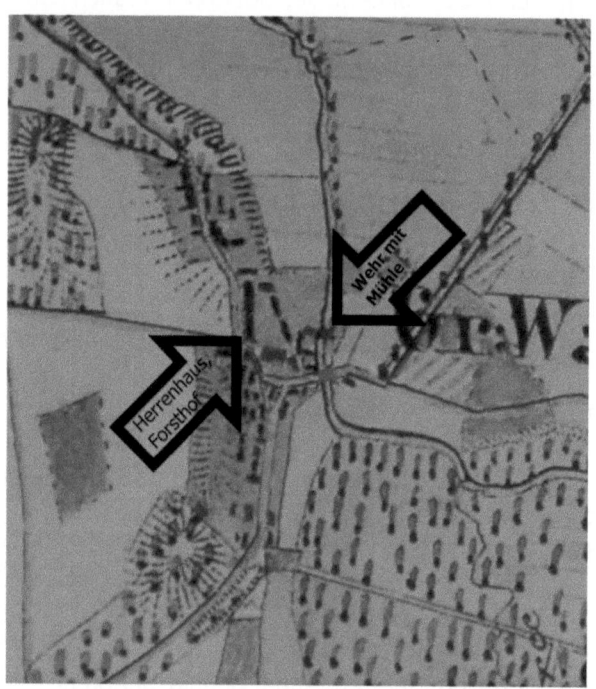

Interessant ist in diesem Zusammenhang die Lage der Grundstücke. Auf dem Preußischen Urmesstischblatt 3949 des Jahres 1846 wird deutlich, dass die Bebauung eindeutig ein Straßendorf erkennen lässt. Das alte Herrenhaus mit seinen 4 Wirtschaftsgebäuden bildete den Ortsmittelpunkt. Als Königlicher Besitz wurden die Gebäude einzeln eingetragen. Der Pfeil zeigt auf dieses Grundstück. Alle weiteren damals bestehenden Höfe in Richtung Köthen und entlang der Dorfstraße nach Krausnick sind in Schwarz markiert eingetragen. Die sich bereits in Privatbesitz befindende Mühle mit dem Wehr ist sichtbar eingezeichnet. Ackerflächen sind im heutigen Großen und Kleinen Grund, auf dem Tschellna sowie im Weddergarten zu erkennen. Links und rechts der Mühlenspree herrscht Weide- und Wiesenland vor. Die heutige Verbindungsstraße nach Krausnick sucht man vergebens auf dem Messtischblatt. Sie entstand er im Jahre 1908. Festzustellen ist, einen Friedhof im Ort gab es damals nicht. Die Beerdigung der Verstorbenen erfolgte demnach auf dem Krausnicker Friedhof. Bei den Verhandlungen im Rahmen der Separation ging es also um all diese Flächen. Ihren Abschluss fanden diese Vorgänge erst 1852. Es gab dazu für die Groß Wasserburger Büdner eine Vorladung vom 16. März 1852, die sie mit Unterschrift zur Kenntnis nehmen mussten. Trotz der in Preußen geltenden Schulpflicht müssen die Kenntnisse doch recht dürftig ausgebildet gewesen sein. Beispiel: Sofern Frauen als rechtsfähig galten, verwitwet mit minderjährigen Söhnen, haben sie ihre Teilnahme mit Unterschrift quittiert, die meisten männlichen Familienvorstände dagegen nur mit den berühmten drei Kreuzen. Ein paar gesunde Arme und Beine waren den Männern wichtiger als Schreiben und Lesen. Am 31. März 1852 fand dann in ihrer Schule diese Verhandlung um die Ablösung der Handdienste, Naturalabgaben, der Reallasten, der Hütungs- und Streuberechtigungen sowie der Bau- und Nutzholzgerechtsame "... der Einsassen zu Groß Wasserburg an dero Königl. Hausfidaikommiß"[33] statt. Das war ein sehr bedeutsamer Akt für die Dorfentwicklung, ab da waren die Büdner rechtsfähige Bauern geworden. Abbildung der Vorladung unten.

Dem ging ein weiterer Rezess am 9. Juli 1851 voraus, der die Forsthütung[34] abgelöst hat. Der Wegfall der Forsthütung war ein tiefgreifender Einschnitt in das bäuerliche Wirtschaften und beschleunigte die Stallhaltung des Viehbestands.
Dieser letztgenannte Rezess betraf folgenden Kreis von Hofbesitzern:

1 Mühlenetablissement
3 Großbüdner
10 Kleinbüdner
10 Kolonisten

Hierzu fanden alle vorbereitenden Verhandlungen in Storkow statt und die 24 betroffenen Büdner haben sich durch die ‚bevollmächtigte Deputierte‘ Adam Wuschig, Wilhelm Simon, Carl Reinhold, Christian Domke und Mühlenbesitzer Ottomar Herforth vertreten lassen. Dem ging eine umfassende Bewertung des vorhandenen Besitzes an Hof, Äckern, Wiesen, Hutungen und dem Vieh voraus. Aber alle Gerechtsame waren damit noch nicht vollständig abgelöst. So folgte am 5. August 1856 ein weiterer Rezess zur Ablösung von Bau- und Nutzholzgerechtsame[35]. Dem ging wie vorher eine „Zusammenstellung der Werthe der mehreren Büdner im Dorfe Groß Wasserburg zugestandenen Berechtigungen“[36] voraus. Es wurden dabei Anteile am Wohnhaus, die Scheune, die Stallungen, die Hoffläche, der Brunnen, ja selbst die Feuerleiter, die Hofeinfahrt und Hofumfriedung bewertet, oder wie man damals sagte taxiert. Für die Höfe Winzer und Schlicht sah die Bewertung dann wie abgebildet aus:

I, Büdner Winzer					
a,	[illegible]	245. 9. 9.			
b,	[illegible]	16. 3. 4.			
c,	[illegible]	14. 10. 2.			
d,	[illegible]	35. 9. 3.			
e,	[illegible]	14. 20. 8.			
f,	[illegible]	. 25. 10.			
g,	[illegible]	. . .	73. 16. 10.		
h,	[illegible]	. . .	61. 15. 10.		
i,	[illegible]	. . .	10. 13. 5.	326. 19. -	145. 16. 1.

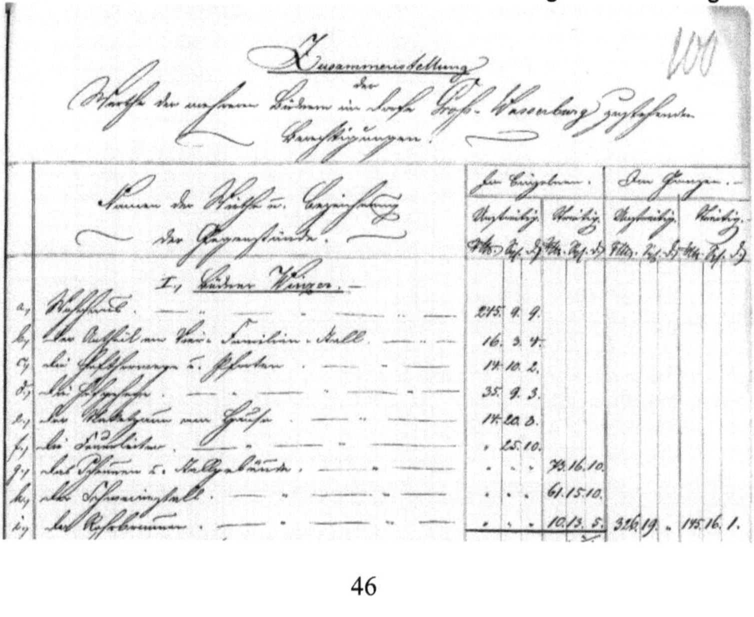

Die geschilderte Ablösung kostete die aufgeführten 11 Büdner immerhin 487,11 Taler. Vor 160 Jahren war das sehr viel Geld. Im Zuge der Ablösung der Groß Wasserburger Holzberechtigung teilte der Buchholzer Rentmeister Cusig per 20. Oktober 1853 der Königlichen Hofkammer der Königlichen Familiengüter zu Berlin mit, dass einige Erbverschreibungen noch nicht im Original vorgelegt worden sind. Das betraf die Kleinbüdner Lugk, Lindorf, Simon, Schlicht, Domke, Gladhorn, Piesker sowie die Büdner Winzer, Tinius, Wuschig und Krüger jetzt Schmogerow. Es ging hierbei ja um Besitzansprüche und ob eine Ablösesumme zu zahlen war. Zu bedenken ist, dass auch jetzt all das bezahlt werden sollte, was einst während der Ansiedlungsperiode den Büdnern kostenfrei durch den preußischen König überlassen wurde.

Im Ergebnis der Separation verschwand mit der Gutsabhängigkeit, wie oben bereits dargelegt, die Gemeine für die Groß Wasserburger Kleinbauern. Was nicht verschwand, war die gegenseitige Hilfe und Rücksichtnahme untereinander. Wie bereits betont, ab dem Jahr 1852 kann also im Ort von Bauern gesprochen werden. Die letzten Ablösungen erfolgten Jahre später in 1890 zwischen den Bauern und der Oberförsterei Klein Wasserburg. Es handelte sich um Hütungs- und Streuberechtigungen in den königlichen Forsten. Der verbliebene Grundbesitz und einige wenige Berechtigungen gingen 1848 mit Auflösung des Amtes Krausnick in den neugebildeten Gutsbereich Groß Wasserburg über. Deshalb erhielt, nur um ein Beispiel zu nennen, der Haumeister Dammer im Jahre 1908 seinen Grundbesitz aus dem Gutsbezirk zugeteilt. 1927/28 hat man die Gutsbezirke aufgelöst und das Land Preußen trat ab da direkt als Eigentümer auf.

Bisher traten uns immer nur Häusler und Büdner als Siedler entgegen. Erst mit der Separation tritt kurzzeitig neben den Büdnern im Jahr 1851 erstmals ein Kolonist auf. Warum es zu dieser Umtitulierung des Büdners in einen Kolonisten kam, ist nicht nachvollziehbar. Denn ein Jahr später wird auch dieser angebliche Kolonist wieder

47

nur als Büdner namentlich aufgeführt und so auch vertraglich behandelt. Schon in den Verhandlungen, besser gesagt der Auseinandersetzung vom 13. August 1839 über die Instandsetzung und Unterhaltung des Hochwasserschutzdammes sowie des Fahrweges zwischen Leibsch nach Groß Wasserburg, wird neben dem Amtmann Palm nur von Büdner gesprochen. Wie kam es zu dieser Auseinandersetzung? Mit den Erbverschreibungen waren zu forderst die Verpflichtungen der Büdner gegenüber dem Gutsherrn aufgeführt. Der Gutsherr, hier in Person des Amtmanns in

Krausnick, hatte aber auch Leistungen zur Sicherung des Erhalts seines Pachtgutes zu erbringen. Dazu gehörte es, die Deiche und Wege innerhalb seines Amtes instand zu halten. Der Amtmann forderte aber jetzt eine solche Leistung von den Büdnern ein. 1839 wehrten sich deshalb die Büdner aus Leibsch und Groß Wasserburg dagegen. Denn ihrer Auffassung nach waren die bisherigen Rezesse im Rahmen der Separation noch nicht abschließend verhandelt und bestätigt. Der Amtmann wiederum sah bereits jetzt im Rahmen der beginnenden Ablösung von Dienstbarkeiten die Möglichkeit, seine Verpflichtungen einseitig aufzukündigen. Unter Leitung des Dorfschulzen Noack nahmen 13 Büdner aus Groß Wasserburg an der Verhandlung teil. Eine namentliche Teilnehmerliste ist als Protokollauszug abgebildet. Ergebnis der Verhandlung: Sechs Büdner aus Groß Wasserburg verweigerten eine einvernehmliche Lösung und ihre Unterschrift. Sie verließen unter Protest die Verhandlung. Erst mit der später erfolgten Herauslösung dieser Gutsverpflichtungen und deren Übergang in eine öffentliche staatliche Rechtsträgerschaft kam es zu einer endgültigen Lösung für die Region um den Unterspreewald und somit auch für die Groß Wasserburger Bauern.

Im Verlauf der Separation kam es mehrfach zum Abschluss langfristiger Pachtverträge und Grundstückskäufe. Darin drückt sich ein weiteres Ergebnis der Gemeinheitsteilung und Ablösung von Naturallasten aus. Einige Büdner nahmen so jede sich bietende Gelegenheit wahr, zusätzliche Ansprüche auf Grund und Boden zu erwerben. Hier waren es besonders die sogenannten drei Großbüdner Friedrich Winzer, Gottfried Tinius und Gottlob Krüger, die dadurch ihren Grundbesitz vergrößerten. Kleinbüdner, Büdner und Großbüdner gehörten zwar dem gleichen gesellschaftlichen Stand an und mit allen dazugehörenden Rechten und Pflichten. Trotzdem führte ein Mehr an Besitz von Acker- und Wiesenland seitens der Großbüdner zu einer sozialen Erhöhung innerhalb der Ortsgemeinschaft. Aber auch diese drei Bauernwirtschaften lösten sich während der weiteren Entwicklung ihrer Höfe nicht aus ihrer kleinbäuerlichen Dorfstruktur. Der Weg zu Großbauern war aufgrund der landwirtschaftlichen Gegebenheiten am Rande des Unterspreewaldes ausgeschlossen. Die Separation beförderte jedenfalls die einst abhängigen Büdner in den Stand eines freien Bauern, verbunden mit dem Recht und der Pflicht eigene Entscheidungen für ihren Fortbestand zu treffen. Wie bereits betont, der Stand Kolonist trat in Groß Wasserburg erst recht spät auf. Es ist davon auszugehen, dass im Volksbewusstsein die Begriffe Siedler, Büdner und Kolonisten immer mehr als gleichwertig angesehen wurden. Sicher kolonisierten die Siedler das unwirtlich sumpfige Land durch Urbarmachung. In der Ausgestaltung der Verträge gab es aber doch erhebliche Unterschiede zwischen einem Siedler mit seiner Erbverschreibung und dem Vertrag eines Kolonisten. Das hinderte spätere Bauerngenerationen aber nicht daran, sich einfach als Kolonist zu betrachten. Zum Ende des 19. Jahrhunderts und in der ersten Hälfte des 20. Jahrhunderts treten uns deshalb neben den Büdnern vereinzelt auch Kolonisten in Verträgen entgegen. Wie nach Ende des I. Weltkrieges, als rund um den Unterspreewald der flächendeckende Anschluss mit elektrischem Strom begann. Bis dahin waren Petroleumlampen und der Kienspan die gängigen Beleuchtungsmittel.

Unter der Schirmherrschaft des Raiffeisenverbandes wurde per 8. Februar 1924 dazu beim Preußischen Amtsgericht zu Wendisch Buchholz die "Elektrizitäts- und Maschinengenossenschaft" Groß Wasserburg[37] eingetragen. Im Vorstand und Aufsichtsrat waren 3 Büdner, 1 Kolonist, der Fleischermeister und 1 Landwirt vertreten. 50 Genossenschaftsmitgliedern haben insgesamt 369 Anteilscheine gezeichnet. Als sozialen Stand haben sich noch 11 Büdner und nur 5 als Kolonist eintragen lassen. Eine Installationsfirma aus Lindenberg schloss den Ort und mit allen Grundstücken an das Stromversorgungsnetz an. Die Monteure waren bei mehreren Bauern einquartiert und

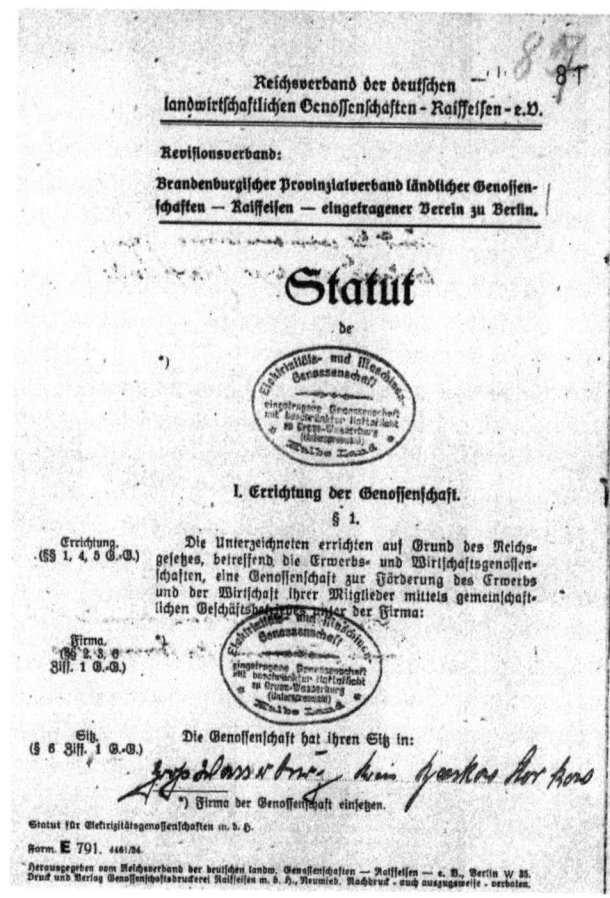

nach Fertigstellung gab es ein Lichtfest im Saal von Müllers Gasthof. Anfangs war noch nicht jeder Raum im Wohnhaus oder gar der Stall an das hofeigene Stromnetz angeschlossen. Die Kassierer zogen die entstandenen Kosten für den verbrauchten E-Strom monatlich ein. 33 Jahre sollte die selbstständige Genossenschaft bestehen bleiben. Aufgelöst hat sie sich mit Verkauf, Zitat: "Die Genossenschaft hat mit Wirkung vom 1. 1. 1957 die von ihr bis damals betriebenen Versorgungsanlagen an den VEB Energieversorgung verkauft[38]. Nach bisher ausgewerteter Aktenlage und durch Gespräche mit älteren Einwohnern kann festgehalten werden, es erfolgte im Rahmen dieser Liquidation keine Rückvergütung bzw. Verrechnung der Anteilscheine. Es war also eine 'Kalte Enteignung', bei der aber auch Nachfragen oder Forderungen der ehemaligen Genossenschaftsmitglieder ausgeblieben sind. Ab den 60er Jahren des vergangenen Jahrhunderts verbesserte sich die allgemeine Stromversorgung deutlich und was die Strompreise anbelangt, die waren ja bis zum Ende der DDR recht niedrig und immer bezahlbar. Keiner machte sich deshalb darüber Gedanken, letztendlich war man ja auch die Belastungen zum Unterhalt für das örtliche Stromnetz los.

Einen weiteren interessanten Einblick in die sozialen Verhältnisse der Büdner und Kolonisten gibt das Meldebuch[39] der Gemeinde Groß Wasserburg für die Jahre 1932 bis 43. Von den 35 Familienvorständen werden 13 als Büdner, 8 als Kolonisten und 6 als Neubauern aufgeführt. Damit war der Anteil der Büdner immer noch die vorherrschende Bezeichnung für einen Hofbesitzer. Im wortwörtlichen Sinn der Bezeichnung

Büdner allerdings nicht mehr, denn eine Abhängigkeit von einem Grundherrn war ja seit rund 100 Jahren nicht mehr gegeben. Bei den Eintragungen im Meldebuch ist nur bei Kolonisten, Büdnern und Neubauern die dazugehörige landwirtschaftliche Nutzfläche in Hektar ausgewiesen. Bei allen weiteren Landwirten, sprich Hofbesitzern, erfolgte das nicht. Neubauern waren Hofbesitzer, die meist in der zweiten Hälfte des 19. Jahrhunderts ihr Acker- und Wiesenland aus dem Landbesitz der Königlichen Hofkammer/Königlichen Familiengüter erworben haben. Kolonisten, Büdner und Neubauern verfügten ab da gemeinsam über 82 ha Ackerfläche, das waren immerhin 2/3 der gesamten landwirtschaftlichen Nutzflächen innerhalb der Gemarkung. Der Stolz auf ihre bäuerlichen Leistungen drückte sich daneben bis weit in das 20. Jahrhundert hinein auf vielen Grabsteinen des Friedhofes aus. Wenn die Verstorbenen dann als Büdner oder Kolonist tituliert wurden standen sie in der Siedlungstradition und blieben so als ihr Teil der Ortsgeschichte in Erinnerung. Unter der faschistischen Blut und Boden Ideologie gewannen diese eigentlich historisch überlebten Standesbezeichnungen wieder an Gewicht. In den 12 Jahren des Faschismus stellten 4 Kolonisten- bzw. Büdnerfamilien die Bürgermeister. Nach 1945 waren aufgrund dieses geschichtlichen Missbrauches der alten auf Siedlertradition begründeten Titel in Verruf geraten. Sie treten nur noch in den Grundbüchern auf und spielten bei Besitzwechseln eine Rolle. Erinnert sei in diesem Zusammenhang, dass sich der zentrale Druschplatz und die Waage der LPG auf einstigem Büdner & Kolonisten Land befanden. Hier sollte auch der in 1988/89 geplante neue DORF-KONSUM errichtet werden. Heute befindet sich dort die Wendeschleife mit den Altglascontainern. Auch hinter dem Grundstück Dorfstraße 3 ist noch ein Teil als Büdner- und Kolonistenland im Grundbuch eingetragen. Stolz können trotzdem all die Groß Wasserburger sein, die in ihrem Stammbaum einen Büdner, Kolonisten oder den späteren Neubauern aufweisen können. In der Folge die Aufstellung der drei Besitzstände, wie sie im Meldebuch bis 1943 ausgewiesen sind:

Büdner 15 einschl. zwei Altsitzer
Insgesamt verfügten die Büdner über 56,¾ ha Ackerland.

Kolonist 9 einschl. eines Altsitzer, der sich auch als Kolonist titulierte.
Insgesamt verfügten die Kolonisten über 19¾ ha Ackerland.

Neubauer 6 aufgeführt
Insgesamt verfügten die Neubauern über 9½ ha Ackerfläche.

Schlussfolgernd kann für Groß Wasserburg festgestellt werden, dass die Bauernwirtschaften die mit der Separation entstandenen kleinbäuerlichen Strukturen kaum aufgebrochen haben und nur die wenigsten konnten deswegen den Lebensunterhalt ihrer Familien allein durch ihre Wirtschaft bestreiten. Büdner und Kolonisten haben als historische Standesbezeichnungen Eingang in das Alltagsleben der Groß Wasserburger gefunden. Sie wurden im Laufe der Zeit kulturell überformt und im Endergebnis gab es im Bewusstsein keinen inhaltlichen Unterschied mehr. Jetzt war man ja aus und mit Tradition Bauer. Ähnlich verhielt es sich auch mit den Straßennamen. Bei der Ansiedlung sprach man in den Erbverschreibnungen noch vom Weg nach Krausnick oder Köthen. Spätestens seit dem Straßenbau nach Krausnick im Jahr 1908 gibt es nur noch eine einzige Straße, die Dorfstraße. Interessant ist dazu ein Blick auf die Dorfstraße im Jahr 1923. Links ist die alte Schule (Fachwerk) zu sehen. Aus einem Sand-Schotter-Gemisch bestand die Straßenfahrbahn. Für eine vorherrschende Nutzung durch Ochsen- und Pferdegespanne sicher das Optimalste. Der Abzweig des alten Fahrweges nach Krausnick ist ebenfalls noch auszumachen.

In den Flurnamen drückt sich ein wichtiges Stück an bäuerlicher Tradition aus und sie waren für den Alltag wichtig. Jeder wusste gleich, wo das betreffende Feld oder die Wiese lag. Sie haben teilweise, wie weiter vorn angeführt, ihre Wurzeln im Niedersorbischen und den späteren deutschen Einflüssen aus der Zeit der Ortsentwicklung zu einem Dorf. Alle Flurnamen verloren mit der großflächigen Melioration in den 70er

Jahren des vorigen Jahrhunderts ihren direkten Gemarkungsbezug. Trotzdem sind sie im Gedächtnis vieler Einwohner noch immer gespeichert. An dieser Stelle ein paar Anmerkungen zur Einordnung des ‚Altsitzers'. Altsitzer, ob männlich oder weiblich spielt dabei keine Rolle, waren die Eltern des gegenwärtigen Hofbesitzers. Heute kaum vorstellbar, es gab damals keine oder nur eine sehr geringe Rente und somit hatte der Hoferbe eine Verpflichtung zur Sicherung des Lebensunterhaltes seiner auf dem Hof lebenden Eltern zu übernehmen, also gegenüber den Altsitzern. Die durchschnittliche Lebenserwartung lag damals weit unter der heutigen. Zur Verdeutlichung eine kurze Auflistung der Lebenserwartung:

Vor dem I.-Weltkrieg	Männer bei 45	Frauen bei 48
Vor dem II. Weltkrieg	Männer bei 60	Frauen bei 63
Ca. 2010	Männer bei 78	Frauen bei 83

Die zu erbringenden Versorgungsleistungen wurden deshalb meist notariell in einem sogenannten ‚Überlassungs- und Auszugsvertrag' geregelt. Im Jahre 1921 beurkundete der Wendisch Buchholzer Notar Artur Daniel einen solchen Vertrag[40] für einen Anbauern und seine Eltern aus Groß Wasserburg. Zusammengefasst beinhaltete der Vertrag:
Der spätere Altsitzer überlässt seiner Tochter und deren Ehemann die in den Grundbüchern zu Groß Wasserburg und Leibsch „… eingetragene Anbauernwirtschaft mit dem gesamten Zubehör und dem toten Inventar …" sowie vom lebenden Inventar „… eine Kuh und 8 Hühner." Als Gegenleistung sind dem Altsitzer folgende Rechte eingeräumt worden:

- Ist ein „Überlassungspreis" in Höhe von „6.000 Mark" an den Überlasser zu zahlen. Davon erhielten seine restlichen 7 Kinder je „500 Mark" ausgezahlt. Ihre Ansprüche auf das elterliche Grundstück waren damit erlöschen.
- Als Wohnraum wurde eine Stube, ein Teil des Kellers und Dachbodens auf Lebenszeit zugestanden.
- Sehr wichtig, Zitat: „Die Altsitzer behalten sich zur alleinigen Nutzung die Parzellen 2 und 3 und von den Ställen den rechts vom Scheunenflur befindlichen zur ausschließlichen Nutzung sowie den halben Scheunenflur und den halben Tass hinten vor; zur Lagerung von Stroh wird den Altsitzern der Platz oberhalb des vorbehaltenen Scheunenflurs eingeräumt; als Schweineställe erhalten die Altsitzer die an den vorbehaltenen Kuhstall angrenzenden beiden Ställe; zur Lagerung von Holz den rechten Hofplatz."

- Die Küchen-, Backofen-, Räucherkammer-, Pumpen- und Abortnutzung sowie „... das gesamte tote Inventar." Unter totem Inventar sind hier Ackergeräte und Wagen zu verstehen.
- Die Hälfte des „... jährlich geernteten Obstes."
- Weiterhin „Freie Beköstigung am Tische der Wirte, sofern die Altsitzer nicht mehr in der Lage sind, selbst für ihren Unterhalt zu sorgen."
- Und letztendlich für eine „standesgemäße Beerdigung" zu sorgen.

Für damalige Verhältnisse eine recht ordentliche Altersversorgung. Mit den Überlassungen an Vieh und Inventar konnten die Altsitzer noch recht lange ein selbständiges Leben führen. Es wird aber auch deutlich, auf den Höfen lebten immer mehrere Generationen, hier waren es Drei, Altsitzer, Hoferbe und seine Kinder. Zu beachten ist in diesem Zusammenhang, die Raumeinteilung der Bauernhäuser war nicht mit der in heutiger Zeit vergleichbar. Die meisten Wohnhäuser verfügten über eine Wohnküche, einen elterlichen Schlafraum und eine ‚gute Stube'. Dazu kamen ein oder zwei kleine Räume für die Altsitzer. Die Kinder schliefen meist in einer auf dem Dachboden ausgebauten unbeheizbaren Stube. Ein Backhaus war auf vielen Grundstücken vorhanden. Sie verfügten neben dem namensgebenden Backofen meist auch noch über einen Kochherd, auch Kochmaschine genannt. Alltägliche Arbeiten, wie Futterzubereitung, das Kochen der Mahlzeiten oder die ‚Groß Wäsche' fanden dann meist dort statt. Bekleidung, Bettwäsche oder Handtücher konnten ja nicht schnell einmal in die Waschmaschine gesteckt werden, die gab es noch nicht. In einem Haushalt mit 5 bis 8 Personen war Handwäsche angesagt und das ist eine Schinderei für die Hausfrau gewesen. Auf einem Waschbett wurde dann gerubbelt und gebürstet. Deshalb aller vier bis fünf Wochen die sogenannte ‚Große Wäsche', bei der die halbwüchsigen Töchter fest eingespannt waren. Nach dem Trocknen war Wäschebügeln angesagt. Eine Handmangel schuf später Erleichterung, denn Tischtücher, Handtücher und Bettwäsche brauchten nun nicht mehr gebügelt werden.
Abschließend eine Feststellung: Die während der Separation entstandenen Bauernwirtschaften Groß Wasserburgs blieben in ihren Gründungsgrößen bestehen und bestimmten so über viele Jahrzehnte Leben und Arbeiten im Dorf.

DIE EHEMALIGE WASSERMÜHLE IN GROSS WASSERBURG

Eine Mühle in Groß Wasserburg, ja gab es eine, wo war sie gelegen und hatte sie Bedeutung für den Ort? Die erste Erwähnung von (Groß) Wasserburg in 1554 ging ja auf den Bestand einer Mühle zurück. Im Laufe der Ortsentwicklung spielte sie über mehrere Jahrhunderte eine ortsprägende Rolle. Nach Angaben des heutigen Seniors derer von Langenn war diese Mühle im 16. Jahrhundert ein bedeutender Wirtschaftsfaktor innerhalb ihrer Besitzungen, der dann selbstverständlich seinen Niederschlag in entsprechenden Urkunden zu finden hatte. Über zweihundert Jahre war der Müller ein von den Grund- und Gutsherren abhängiger Häusler und späterer Büdner. Die von Langenn übten den Mühlenzwang innerhalb ihrer Besitzungen auf der Grundlage des im Jahre 1556 vom Oberhauptmann Joachim von der Dahme[41] erlassenen "Möllenbuch des Amtes Storkow" aus. Für die damalige Zeit ein ganz normaler Vorgang. So mussten die Untertanen aus Krausnick, Coetten (Köthen) und Lubisch (Leibsch) bei Otten und Caspar von Langen auf Krausnick in der Vorwerksmühle Wasserburg das Getreide mahlen lassen. Gab es nichts zu mahlen, dann setzte ihn sein Herr auch zu anderen Arbeiten ein. So kann der Chronik von Märkisch Buchholz entnommen werden, dass der Wasserburger Müller im Jahr 1661 Maurerarbeiten am Buchholzer Pfarrhaus ausführen musste. Mühlen hatten über mehrere Jahrhunderte eine sehr bedeutsame Funktion im landwirtschaftlichen Produktionskreislauf inne. Besonders in der agrarisch geprägten Region um den Unterspreewald waren sie also nicht wegzudenken. Groß Wasserburg und seine unterschlächtige Wassermühle waren deshalb untrennbar miteinander verbunden gewesen. Unterschlächtig bedeutet, dass das Wasser nicht über, sondern unter dem Mühlrad durchfloss und vor allem seine Strömungsenergie zum Antrieb nutzte. Mittels dem Wehr konnte eine maximale Stauhöhe von 1,5 m erreichen werden. Der erforderliche Rückstau hatte bei sehr großem Mahlbedarf zur Folge, dass weite Teile des angrenzenden Unterspreewaldes unter Wasser gesetzt wurden. Mit dem Verkauf der Wasserburger Besitzungen durch die von Langenn an die preußische Krone im Jahre 1728 kam die Mühle letztendlich unter die Verwaltung der Königlichen Hofkammer der Königlichen Familiengüter und wurde in den Folgejahren mehrmals verpachtet. Bis zur Separation waren die Müller Büdner mit entsprechender Erbverschreibung. Als 1810 der Mühlenzwang in Preußen aufgehoben wurde, kam es noch im selben Jahr zum Verkauf und zur Herauslösung der Mühle aus den Königlichen Familiengütern. Mit dem Erwerb erfuhr der Besitzer eine Standeserhöhung durch seine Herauslösung aus der Gutsuntertänigkeit. Ab jetzt stand vor dem Familiennamen entweder Mühlenbesitzer oder Mühlenmeister. Damit hob er sich deutlich durch seine höhere soziale Stellung von den übrigen Ortsbewohnern ab. Im Zuge der Separation werden die Mühlenbesitzer immer extra bzw. meist an der Spitze der Auflistungen erwähnt sind. Frei von Verpflichtungen gegenüber den Grundherren waren die jetzigen Besitzer jedoch nicht. Auch sie mussten ablösen, und deshalb kam es immer wieder in den betreffenden Rezessen zu einer Erwähnung. In historischen Eckdaten sieht die Geschichte der Mühle wie folgt aus:

1554	wurde eine Mühle bei Krausnick erwähnt die „molle", die „Wasserburk" genannt
1556	die „Mühle bei Krausnick, die Wasserburg genannt"
1600	ein Müller erwähnt
1661	ein Müller erwähnt
	als Mühle mit 2 Gängen bezeichnet
1728	mit dem von Langennschen Grundbesitz an König Wilhelm I. verkauft
1753	ist Christoph S. Garbe als Müllerbursche erwähnt, der 1767 die Hohenbrücker Bockwindmühle (käuflich) übernommen hat
1767	war Ludwig Streichan der Müller
	Eine Wassermühle als Mahl- und Schneidemühle erwähnt
1776	war Johann Friedrich Nenichen als Büdner auf der Mühle erwähnt
1810	Mühle ist aus den Königlichen Familiengütern herausgelöst und verkauft worden
1837-1843	Besitzer Johann Friedrich Gottlob Streichan
1846	Mühlenmeister Carl Christian Weisswange
1823 & 1858	die Mühle technisch überholt, ab da konnte Leinöl gepresst werden
1851/53	Mühlenmeister Ferdinand Ottmar Herfurth
1851	als Mühlenetablissement im Rahmen eines Rezesses erwähnt
1861	Mühlenmeister Greiser
1877	Mühlenmeister Seelig zu Groß Wasserburg
1896	erfolgte der Verkauf des Mühlengrundstücks durch den letzten Mühlenbesitzer Quiel. Sie ging damit wieder in den Königlichen Familiengütern auf.

Die Mühle war, wie bereits angeführt, die eigentliche Gründungszelle von Groß Wasserburg. Später, in der ersten Hälfte des 18. Jahrhunderts kam der Krug, heute Müllers Gaststätte und die ersten Siedlergrundstücke hinzu.

Die Mühle bildete mit dem Wehr eine bauliche Einheit und sperrte den Spreearm, die Wasserburger Spree. Unterhalb des Wehres erhielt der Spreearm den Namen Mühlenspree. Bis weit in das 20.Jahrhundert hinein sollen nach Angaben älterer Einwohner die Reste der Stützpfeiler und Fundamente noch sichtbar gewesen sein. Das Mühlengebäude befand sich, direkt am Spreearm anliegend, auf der linken Seite in Flussrichtung. Heute befindet sich dort ein kleines Wohngrundstück. Die Mühlenspree schlängelte sich durch die Wiesen bis nach Leibsch-Damm und floss kurz vor Neuendorf am See wieder in die Hauptspree. Zumindest war das bis zum Bau des Dahme-Umflutkanals von 1908 bis 1912 so. Ab da mündete sie kurz vor Leibsch-Damm in den Umflutkanal. Noch in der Gegenwart ist dort hinter den Stallungen ein Teil des

ehemaligen Flusslaufs anhand von starkem Schilfbewuchses auf nassem Untergrund zu erkennen. Zur Gewährleistung des Betriebes seiner Mühle errichtete der Mühlenbesitzer Greiser ab 1862 einen "Staudamm im Puhlstrom des Unter-Spreewaldes"[42]. An seiner Mühle setzte er einen sogenannten Merkpfahl zur Wasserstandsmessung. Ab 1922 wurde dieses Stauwerk abgerissen und es erfolgte ein Neubau. Im Volksmund war es ab da die ‚Neue Schleuße'. Im Übrigen muss der Greiser ein recht rühriger Zeitgenosse gewesen sein, denn er pachtete 6 Quadratruten Dorfstraßenland und vergrößerte somit das Mühlengrundstück bis direkt an den vorbeiführenden Fahrweg über die Brücke. Das hatte für seinen Nachfolger ungeahnte Folgen. So war Mühlenmeister Seelig in einem Verwaltungsstreit wegen der Reparatur des Straßendammes an der Mühlenspreebrücke, eben diesen Greiserschen 6 Quadratruten, ab 1877 verwickelt und musste Unterhaltsleistungen erbringen. Dem Müller oblag seit alters her das Recht, bei Hochwasser den Schutz des Wehres und der Mühle zu garantieren. So konnte er den Staudruck auf das Mühlenwehr mindern, indem er die „... unterhalb der Mühle liegenden Wasigbuschwiesen ..."[43] flutete. Noch 1882 wurde dieses Recht vertraglich bestätigt. Für die Bauern bedeutete das, nach einer derartigen Flutung konnten sie ihre meist gepachteten Wiesen auf dem Wasig längere Zeit nicht nutzen, mitunter sogar bis in den Monat Mai hinein. 90 Jahre befand sich die Mühle in Privatbesitz. Ein wirtschaftlich tragfähiger Mühlenbetrieb konnte aber nach der Privatisierung nie durchgängig erreicht werden. Selbst die Modernisierungen scheinen nur einen momentanen Leistungsschub verursacht zu haben. 7 Mühlenbesitzer zwischen 1810 und 1894 sind eher untypisch für ein damals doch sonst recht stabiles Handwerk. Die Krausnicker und Hohenbrücker Bockwindmühlen oder die damals schon hochmoderne Mühle in Schlepzig scheinen den Müllern echt zugesetzt zu haben. Fazit, Geld verdienen konnte mit der Groß Wasserburger Mühle keiner mehr so richtig. Der letzte Müller, oder wie er auch bezeichnet wurde „Mühlenmeister", betrieb neben den Mahl- und Schneidegang weiterhin die Leinölpresse. Im Zuge der Auflösung des Amtes Krausnick wurde die Mühle 1845 direkt dem Amt Beeskow zugeordnet. Dieser verwaltungsrechtliche Vorgang war für die Besitzer von eher nachgeordneter Bedeutung. Dagegen war der Rezess[44] vom 1. Nov. 1847 schon ein sehr wichtiges Datum für die Mühle. Es wurden Naturalprästationen in eine Geldrente umgewidmet. Dass es dabei immer noch offene Fragen gab, ist dem gesonderten Rezess vom 8. April 1852 mit Mühlenmeister Herrfurth und der daraus folgenden endgültigen Ablösung der Reallasten vom Mühlengrundstück zu entnehmen.
Die Mühle brannte Ende des 19.Jahrhunderts (Silvester 1894/95) ab und wurde nicht mehr aufgebaut. Einige Burschen aus Krausnick wollen in der Brandnacht Kerzenschein in der Mühle bemerkt haben, obwohl die Müllersleute nicht anwesend waren. Um den angeblich in der Mühle verbliebenen Müllergehilfen rankten sich danach wil-

de Gerüchte hinsichtlich einer Brandstiftung im Auftrag des Mühlenbesitzers. Ungeklärt blieb in diesem Zusammenhang auch der Grund der Anwesenheit der Krausnicker Burschen. Sei es, wie es sei, Beweise konnten nicht beigebracht werden und so stand einem Verkauf nichts mehr im Wege. Ein weiterer Aspekt zum Aufgeben des Mühlenstandortes und dem Wiederaufbau dürfte die erwähnte Mühlendichte in den umliegenden Dörfern gewesen sein. Konkurrenz belebt eben nicht immer das Geschäft. Der Verkauf des Grundstücks erfolgte bereits ein Jahr nach dem zerstörerischen Brand an die Königliche Hofkammer[45].

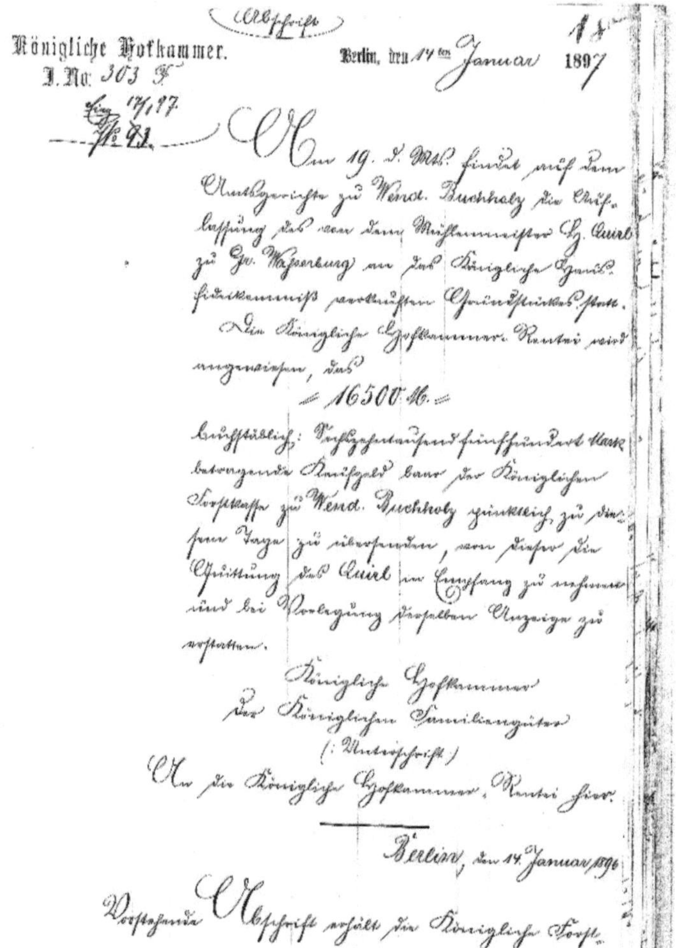

Königliche Hofkammer.　　　　　Berlin, den 14ten Januar 1897
J.No. 303 F

16500 M.

Nach der Zahlungsanweisung wurde die Kaufsumme von 16.500 Mark an den Müller Hermann Quiel ausgezahlt. In der Folge zog er zum 01. April 1897 aus Groß Wasserburg weg. Gemäß dem abschriftlich erhalten gebliebenen Kaufvertrag vom 27. November 1896 gehörten zum Mühlengrundstück:

- Nebengebäude welche „... jetzt als Wohnhaus genutzt nebst Stallgebäude." 6,493 ha Hofraum, Garten, Acker, Wiese. Die ehemalige Schneidmühle ist vor einigen Jahren abgebrannt.
- Anteil an der Gemeindejagd
- Einnahmen von der Haltung des Gemeindebullen
- Einnahmen aus der Nutzung von 17 Morgen an Grundstücken
- In dem Kaufvertrag war dem Quiel und seiner Familie bis zum 31.03.1897 das Wohnrecht auf dem Mühlengrundstück gegen eine monatliche Miete von 1 Mark eingeräumt worden.

Ab dem 1. April bewohnte dann der Schuhmacher Friedrich Becker für 60 Mark Jahresmiete das Grundstück. Dazu gehörte die Nutzung des rechts von der Mühlenspree gelegenen Obstgartens. In dem Mietvertrag gab es eine Nutzungseinschränkung, dass er sich „... den etwaigen Abbruch der alten darauf befindlichen Mauerreste ... gefallen lassen muß." Im Mietvertrag war das im § 1 Punkte 3 und 4[46] ausgewiesen. Damit waren die Reste des abgebrannten Mühlengebäudes gemeint. Die Mauerreste wurden hauptsächlich durch Groß Wasserburger Bauern abgetragen und als Baumaterial genutzt. So sollen einige vom Brand verschont gebliebenen Balken im Dachstuhl des Schlachthauses der Fleischerei Fischer verbaut worden sein. Zumindest schilderte dies die Tochter des Fleischmeisters. Ein weiterer zur Mühle gehörender Grundstücksteil wurde „... als Dienstland für die Försterstelle Gr. Wasserburg bestimmt ..." und der Rest kam unter die Verwaltung der Oberförsterei Klein Wasserburg. Durch den Brand der Mühle muss auch das dazugehörende Wehr stark beschädigt worden sein. Denn die Königliche Hofkammer[47] forderte mit Schreiben vom 13.02.1897 an den Oberförster Herrn von Nathusius in Klein Wasserburg: "Mit der Terminstellung vom 15.05.1897 sind die Stauanlagen im Bereich der ehemaligen Mühle fertigzustellen und die Rechnungen an die Forstkasse einzureichen" und "... die Arbeiten schleunigst ausführen zu lassen ..." Das Grundstück blieb auch in den Jahren nach dem vernichtenden Brand für die Einwohner immer noch die Mühle. Ab 1903 bewohnte Albert Gnädig mit seiner Familie das Grundstück. Im Jahre 1905 kam es dann zu einem Bieterverfahren über den Erwerb des „Mühlengrundstückes" im Müllerschen Gasthof. Das Mindestgebot lag bei 1.200 Mark. Gebote lagen vom Gemeindevorsteher Streichan, dem Stellmacher Gladhorn und dem Bauern Albert Gnädig vor. Für eine Summe von 1.550 Mark ersteigerte Albert Gnädig letztendlich das Grundstück. Zwei Bedingungen waren mit dem Grundstückserwerb verbunden:

1. Der Käufer übernimmt den Gemeindebullen.
2. Ein 5 m breiter Streifen an der Spree wird nicht verkauft, kann aber vom Käufer als Zugang zur Spree genutzt werden.

Dieser Streifen und sein Nutzungsrecht werden bis auf den heutigen Tag für das angrenzende Grundstück im Grundbuch gesondert ausgewiesen.
Nach dieser Versteigerung haben die Mühle, respektive das Mühlengrundstück, endgültig aufgehört zu existieren. Fast 400 Jahre Mühlengeschichte waren beendet.

Unterspreewald   Gross Wasserburg, Landungsstelle.

Franke, Berlin S. No. 704.

Leider ist kein Foto von der Mühle bekannt. Der Ausschnitt einer Ansichtskarte von 1905 zeigt zumindest die alte Brücke und das angrenzende Grundstück. In den Folgejahren entstanden Wehr und Brücke neu. Die Brücke fiel im April 1945 während der Kampfhandlungen um den Kessel Halbe einer sinnlosen Sprengung durch SS-Truppen zum Opfer. Nach Kriegsende erfolgte zuerst ein Ersatzbau aus Holz. Erst später ist ein neues Wehr im Verbund mit der Straßenbrücke errichtet worden.

Der dominante Wirtschaftszweig in den Dörfern des Unterspreewaldes war und ist die Landwirtschaft. Dabei mussten und müssen sich alle, ob Häusler, Büdner oder die Bauern, ständig mit der Natur auseinandersetzen. Direkt oder indirekt beeinflussen und verändern sie so durch ihre Arbeit die Landschaft. Selbstverständlich müssen dies auch die Bauern in anderen Regionen Deutschlands, aber die landschaftlichen Gegebenheiten im und rund um den Spreewald stellen schon eine Besonderheit dar. Auf den Unterspreewald bezogen, eine erfolgreiche Bewirtschaftung und Besiedlung konnte und kann nur an seinen Rändern erfolgen. Die Gemarkung von Groß Wasserburg ist ein solcher Randbereich. Das Land, was die einstigen Häusler, Büdner und Siedler oder die späteren Bauern bewirtschafteten musste erst über Generationen durch schwere körperliche Arbeit der Natur abgerungen werden. Weniger Rodung als vielmehr Trockenlegung war angesagt. Immer wieder sind die dabei erreichten Erfolge durch Rückschläge gefährdet. Trotzdem gab es für die Siedler kein Aufgeben. Dieser Auseinandersetzungsprozess lässt sich bis in die Gegenwart verfolgen. Das geringe Fliesgefälle der Spree, ihre daraus resultierende Verzweigung und das großflächig urbar gemachte Sumpfland verschärfen die Folgen extremer Wettererscheinungen. Dabei verursachten die regelmäßig widerkehrenden Winter- und Sommerhochwasser sowie langanhaltenden Dürreperioden regelrechte Katastrophen, von denen schon unsere Vorfahren zu berichten wussten. Ein Zeitchronist des 17.Jahrhunderts, der Caspar Friedrich von Oppen auf Krausnick, führte gewissenhaft Buch über das Leben um den Unterspreewald. In seinem ‚Hausbuch' vermerkte er folgende Chronologie[48] :

- in den Jahren 1691, 1692, 1695 und 1696 "... Wassernotjahre ..." also Trockenheit, und das in allen Dörfern des Unterspreewaldes,
- 13. Juli 1701 vernichtete Hagelschlag die Ernte,
- August 1703 Überschwemmung, ließ "... nur ernten was man aus dem Wasser schleppen können."
- 6. Juli 1709 "... Wirbelwind ..." vernichtete die Ernte und die Gebäude des Gutes waren stark beschädigt,
- Sehr strenger Winter "... dergleichen kein Mensch gedenket..." und das "... Futter ... nicht mehr nach Fuder, sondern nach dem Gewicht das Heu verkaufte worden."
- brauste ein Sturmwind über die Dörfer,

- Juni und Juli 1712 brach eine Viehseuche in allen Unterspreewalddörfern aus.

Recht bildhaft waren seine Niederschriften, wenn er schrieb: "Ein großes Wasser ist
gekommen, dass alle unsere Wiesen überschwemmet und ist auf den mehresten
Wiesen nicht ein Fuder gemäht worden außer zu letzt zu Streiling um Michaeli, auch
haben die Leibscher Untertanen alle ihr Getreide mit den Wiesen verloren". Allein
diese Schilderung verdeutlicht, dass Leben zur damaligen Zeit war auf keinem Fall
einfach und erforderte immer wieder hohen persönlichen Einsatz. Wenn auch hier auf
Krausnick und Leibsch verwiesen wird, Wasserburg liegt zwischen beiden Orten und
ist von den Katastrophen mit Sicherheit nicht verschont geblieben. Selbst Friedrich
der Große hielt derartige Misslichkeiten für beachtenswert, wenn er für das Jahr 1770
festhielt: "... einen allgemeinen Mißwuchs, da Spätfröste alle Früchte in Feld und
Garten vernichteten. Neues Elend war für das Volk zu fürchten,..."[49] Er bezog sich
natürlich nicht konkret auf den Spreewald, sondern auf Preußen insgesamt. Aber
trotzdem, auch in unserem Landstrich wird es damals nicht anders gewesen sein.
Missernten in den Jahren 1771/72 und 1789/90 schufen weithin Hungersnot und
menschliches Leid. Es mussten zur Milderung der größten Not Vorräte aus königlichen Magazinen zur Verteilung gebracht werden. Auch im 19. Jahrhundert waren
Hochwasser, Hagelschlag, Spätfröste oder Trockenheit keine Seltenheit. So traten in
den Jahren 1834, 1854, 1857, 1897 und 1899 verheerende Überflutungen der Wiesen und Äcker auf. Schutz vor Hochwasser erforderte deshalb den Bau und die Unterhaltung von Dämmen rund um den Unterspreewald. So kam es in Folge "... der
Großen Ueberflutung vom 11. December 1834 ..." zu Erhaltungsmaßnahmen des "...
großen Damme von hier nach Leibsch sowie zu dem Wege von hier nach Krausnick..."[50]. Von 'hier' bedeutet dabei von Groß Wasserburg aus. Obwohl alle Anlieger
an der Instandsetzung des Schutzdammes interessiert waren, kam es immer wieder
zu teilweise heftigen Auseinandersetzungen über den Umfang der zu erbringenden
Leistungen. Bis zur Spreeregulierung konnte man davon ausgehen, dass vor allem
die Wiesen zwischen Groß Wasserburg und Leibsch durch die Hochwasser jährlich
bis zu 130 Tagen nicht nutzbar waren, weder als Weide noch zur Mahd. Die Wiesen
im Wasig-Becken waren davon am stärksten betroffen. Solche Naturgewalten entschieden im hohen Maße über die Ernte und damit über den Fortbestand ganzer
Bauerngeschlechter. Wie eine Laune des Schicksals kommt es da vor, wenn z. B. im
Jahre 1879 eine äußerst schlechte Ernte und dann im kommenden Jahr eine Re-
kordernte eingefahren wurde. So weiß zumindest der Heimatkalender für den Spree-
waldkreis Lübben von 1959 zu berichten. Selbst am Ende vom 19. und bis Mitte des
20. Jahrhundert waren die Dörfer des Unterspreewaldes immer wieder von derartigen

Wetterunbilden geplagt. Allein in den Jahren zwischen 1890 bis 1947 waren vierundzwanzig größere Hochwasser zu verzeichnen. In den Jahren von 1902 bis 1928[51] haben diese Hochwasser dabei 16 mal zumindest einen Schnitt der Heumahd verhindert. 1908 und 1909 hat Trockenheit für Ertragsausfälle gesorgt. Kam es dann, wie in den Jahren 1919, 1926 bis 28 durch derartige Witterungsunbilden zu Ernteverlusten an Getreide, Kartoffeln und Gemüse, waren die wirtschaftlichen Verluste der Bauern in Groß Wasserburg für schon existenzbedrohend.

Die ersten Deiche und Entwässerungsgräben rund um den Unterspreewald entstanden bereits mit der Urbarmachung des versumpften Landstriches. Ein verlässlicher Schutz war dies allerdings nicht. Tiefgreifende regulierende Baumaßnahmen erfolgten im Unterspreewald erst zu Beginn des 20. Jahrhunderts und dann nochmals in den siebziger Jahren des vorigen Jahrhunderts. In groben Zügen stellt sich dieser Prozess auf der Grundlage des Hochwasserschutzgesetzes vom 4. August 1904 wie folgt dar[52]:

- 1906 Projektierung durch das königliche Meliorationsamt Cottbus der Wehranlagen in Leibsch und Wendisch Buchholz sowie des Spreeumflutkanals zum Köthener See und anschließend bis zur Dahme
- 1908 - 1912 Bau des Spree-Dahme-Umflutkanal. Teilweise wurde dabei dem Bett des Uglischgraben und der Rietze gefolgt.
- Auch unterhalb von Wendisch Buchholz galt es den erforderlichen Abfluss der Wassermengen zu sichern und so hat man in diesem Zusammenhang die Dahme begradigt und teilweise schiffbar gemacht.
- Mit dieser Maßnahme sollten Möglichkeiten zur Regulierung der Flutwelle der Spree geschaffen werden, was aber nur teilweise gelang. Denn Unabhängig davon kam es immer wieder zu großflächigen Überflutungen der Wiesen und Äcker, wie im Frühjahr 1922 oder Oktober 1930.

Der letzte Eingriff in die Landschaft war die großflächige Meliorationsmaßnahme zwischen Groß Wasserburg und Leibsch zu DDR-Zeiten. Es war im damaligen Kreis Lübben eines der größten Meliorationsvorhaben und berücksichtigte vor allem die Wünsche der LPG (P) Dürrenhofe nach einer großflächigeren Ackerstruktur, auf der die moderne Landtechnik effektiv eingesetzt werden konnte. Mittels der dabei neu errichteten Schöpfwerke und dem Bau des Randkanals war eine wirksame Staubewässerung gegeben. Damit sollten sowohl Schäden durch Hochwasser aber auch Trockenheit auf diesen landwirtschaftlichen Nutzflächen gebannt werden. Die entstandenen Acker- und Wiesenflächen zwischen Rietzedamm und Unterspreewald,

Groß Wasserburg und Leibsch bestimmen auch in der Gegenwart noch immer das Gesicht der Landschaft.

Diese Komplex- und Flurmelioration beinhaltete folgende Maßnahmen:

- 1974-1979 Verfüllung der Mühlenspree zwischen Groß Wasserburg und Leibsch,
- Bau von Pump- und Schöpfwerken, u. a. am Dahme-Umflutkanal höhe Rietzedamm
- Bau eines neuen Wehres mit Schleuse in Groß Wasserburg und damit eine Anbindung an die Berliner Gewässer über den Köthener-See

Für viele Bewohner war die Verfüllung der Mühlenspree schon ein recht einschneidender Vorgang. Waren doch mit ihr persönliche Erlebnisse durch alle Jahreszeiten hindurch verbunden. Angeln in der Mühlenspree oder Schlittschuhlaufen auf den überfluteten Wiesen gehörten sicher mit dazu. An die Lage eines Teils ihrer Äcker und Wiesen direkt neben dem alten Spreearm knüpfen sich gleichfalls viele Erinnerungen. Nur auf alten Flurkarten ist ihre Lage noch erkennbar. Die beiden Fotos zeigen den Randkanal während des Baus und dann nach seiner Fertigstellung. Diesem gravierenden Eingriff in die Natur des Unterspreewaldes ging die

Schaffung von Talsperren am Oberlauf der Spree voraus. Entstehende Hochwasserwellen werden so bereits durch die Talsperre Spremberg abgefangen. Der Unterspreewald würde deshalb als Überflutungsgebiet nicht mehr benötigt, so glaubte man

jedenfalls damals. Heute wissen wir, diese Überflutungsgebiete sind für Flora und Fauna bedeutsam. Langsam erfolgt eine Renaturierung in ausgewählten Bereichen rund um den Unterspreewald. Eine vollständige Renaturierung würde unsere Gemarkung allerdings in eine versumpfte Landschaft des 16. und 17.Jahrhundert verwandeln. Das ist doch als sehr fragwürdig anzusehen. In den schweren Jahren nach Ende des II. Weltkrieges traf es die Bauernwirtschaften wieder besonders hart, wenn Wetter bedingt Katastrophen auftraten. Die Märkische Volksstimme berichtete am 14. September 1948, dass das "Hochwasser im Spreewald zurückgegangen" sei und in der Ausgabe vom 21./22.August 1948 war zu lesen, dass diese Überschwemmungen die „... Kartoffel- und Gemüseernte vernichtet"[53] hat. Fast vier Wochen standen damals Felder und Wiesen bis nach Alt Schadow hin unter Wasser. Neben Groß Wasserburg waren weitere 37 Orte des Altkreises Lübben betroffen. Auch in den folgenden Jahren kam es immer wieder zu derartige Wetterunbilden. So stellten die Gemeindevertreter in ihrer Beratung[54] am 27. September 1954 fest: "Bei der Ablieferung von Heu bestehen Schwierigkeiten, da durch die Trockenheit bei dem 1.Schnitt nur geringe Erträge erzielt wurden u. weitere Ausfälle durch die Hochwasserkatastrophe zu verzeichnen waren." Es müssen jedenfalls ernst zu nehmende Ernteausfälle gewesen sein, wenn 8 bäuerlichen Betrieben zum Jahresende ihr Rückstand bei der 'Pflichtablieferung' an Gemüse und Heu mit Hinweis auf diese Naturunbilden ersatzlos gestrichen wurden. Im Jahr 1953 leisteten viele Einwohner des Ortes sogenannte „Solidaritätseinsätze" im Rahmen des Nationalen Aufbauwerkes (NAW) für den Hochwasserschutz. Allein am Deich Groß Wasserburg–Krausnick wurden 500 Stunden an Handleistungen und 50 Gespannstunden erbracht. Der damalige Bürgermeister Miethling informierte die Gemeindevertreter in der Sitzung vom Januar 1954 zum erreichten Stand. Auch die Zufahrtswege zu den Feldern waren sehr häufig mit betroffen. So musste die Gemeindevertretung in ihrer Sitzung am 25. Februar 1954 beschließen, dass der ‚Wasigweg' und der ‚Weg zu den Fischerwiesen' mittels Sandanfuhr und Planierung durch die Anlieger instand zu setzen sei. Da diese Maßnahmen im ursächlichen Interesse der Bauern lagen, gab es auch keine Verweigerungen bei der Ausführung. Ferner ist im Jahr 1953 der Lange-Horst-Graben im Rahmen von Unterhaltungsarbeiten an den sogenannten Wasserläufen II. Ordnung angegangen worden. Der ausführende Betrieb war damals der VEB Wasserwirtschaft Spree, Betriebsstelle Lübben[55]. Es kam neben den Handarbeitskräften aus den anliegenden Orten auch schweres Gerät, wie Bagger und eine Feldbahn zum Einsatz. Die Gleise der Feldbahn waren auf der Krone des Schutzdammes bis an die Groß Wasserburger Brücke verlegt. Viele ältere Einwohner aus Groß Wasserburg erinnern sich noch an das Hochwasser im Jahr 1958. Mit Pferde- und Ochsengespannen wurde wieder Sand zur Verstärkung der Deichkronen herangekarrt. Eine Bewährungsprobe für die wenige Jahre vorher erneuerten Deiche um den Unterspreewald. Kameraden der Freiwilligen Feuerwehr übernahmen, wie so oft, die Deichwache rund um die Uhr. Ein Jahr später, am 12. Juli 1959 hinterließ dann ein Sturm mit Hagelschlag innerhalb von 10 Minuten ein wahres Feld der Verwüstung. Zitat aus der Lausitzer Rundschau[56] von damals: "... haben der orkanartige Sturm und der Hagelschlag am Sonntagnachmittag in Leibsch, Neu-Lübbenau, Groß Wasserburg, Neuendorf am See, ... teilweise zu schweren Schäden geführt." Ferner konnte man lesen, dass das Telefon- und Stromnetz gestört war, 60 Prozent der Fensterscheiben auf der 'Unwetterseite' zerschlagen, viele Dächer abgedeckt, Getreide und Gemüse lagen wie gewalzt am Boden. Man sprach von einer "... Naturkatastrophe ..." und die sogenannte Kreiskatastrophenkommission musste einberufen werden. In den folgenden Jahren hatte sich die Gemeindevertretung von Groß Wasserburg immer wieder mit Schäden durch Hochwasser zu befassen. Am 21. Juli 1971 schätzte die Kommission Landwirtschaft u. a. ein, dass die Wiesenfläche im Köthener Flur überflutet sei und ein beachtlicher Schaden für die Bauern entstanden war. Zum Jahrhundertwinter 1978/79 hier ein paar Anmerkungen. Über Radio und Fernsehen konnte das langsame Vordringen des Winters mit Frost, Sturm und Schnee ab dem 28.12.1978 verfolgt werden. In der Nacht vom 30. zum 31. Dezember erreichte diese katastrophale Wetterfront dann auch den Unterspreewald. Schneefall bis in eine Höhe von 60 cm legte schlagartig jeglichen Verkehr lahm. Das Vieh konnte teilweise nur notdürftig versorgt werden. Elektrische Melkanlagen fielen aus und was es dann bedeutete täglich einen 200er Rinderstall per Hand zu melken ist für Außenstehende nur schwer vorstellbar. Gefährliche Euterentzündungen waren die Folge, die Rinder waren das Melken von Hand ja nicht mehr gewöhnt. In den Schweinemastanlagen verursachten die Minustemperaturen gleichfalls bedeutende Verluste. Erschwerend kam hinzu, dass sich viele der vorhandenen Notstromaggregate in einem sehr schlechten Wartungszustand befanden. Für einen reibungslosen Notbetrieb in den Ställen fielen sie damit aus. Die Mitarbeiter der Firma Erwin Berndt aus Groß Wasserburg waren rund um die Uhr als Winterdienst auf den Straßen unterwegs und versuchten der Schneemassen ab Märkisch Buchholz in Richtung Königs Wusterhausen auf der wichtigen B 179 Herr zu werden. Im VEB Holzwaren konnte die Produktion nur sporadisch gesichert werden. In der Regel waren Stromzuschaltungen auf wenige Stunden befristet und nie für einen vollen Arbeitstag gewährleistet. Auch der Schulbetrieb war von Ausfalltagen geprägt, zweifellos sehr zur Freude der Kinder.

Während des großen Sommerhochwassers von 1981 sind wieder Deichwachen durch die Kameraden unserer Freiwilligen Feuerwehr angesagt gewesen. Sie waren dazu mit Lohnfortzahlung durch ihre Betriebe freizustellen. Die beiden Bilder zeigen einmal den Dahme-Umflutkanal in Höhe Rietzedammbrücke und das Überflutete

Wehr Neue Schleuße am Puhlstrom.

An mehreren Stellen zwischen Groß Wasserburg und Leibsch musste die Dammkrone mittels Sandsäcken erhöht werden. Pflichtbewusst erfüllten die Kameradinnen und Kameraden diesen schwierigen Dienst zum Wohl der Allgemeinheit, obwohl gleichzeitig das alljährliche Dorffest lockte. Aber Schnaps ist Schnaps und Dienst

ist Dienst. Auch dieses Hochwasser war als Katastrophe eingestuft. Im Ergebnis kam es zu weiteren umfangreichen Sanierungsmaßnahmen an den Deichen. Im 'Großen Grund', gleich hinter der Ortslage von Groß Wasserburg, erfolgte dazu ein großflächiger Erdaushub, ein weiterer befand sich kurz vor Krausnick. Heute ist der damalige Erdaushub im Großen Grund nicht mehr als solcher zu erkennen. Über die Jahre hat sich die Senke mittels Anflugsamen zu einem Nadel- und Laubwäldchen entwickelt. Das folgende Foto zeigt dieses Stück Renaturierung, rechts vom Fußballtor gelegen.

Wen wundert es bei den geschilderten Wetterunbilden, dass die hier lebenden Bauern immer wieder in den Kreislauf der Natur eingegriffen haben. War es zuerst die Trockenlegung verbunden mit Deichbau, folgten später größere Eingriffe in die Landschaft mit Kanalbau und großflächiger Melioration. Letztendlich diente alles immer nur dem einem Ziel, die Existenzgrundlage der Bauern zu sichern. Somit haben auch Generationen von Groß Wasserburgern ihren Anteil geleistet, dass der gesamte Spreewald als eine einzige von Menschenhand geschaffene Kulturlandschaft zu betrachten ist und wert ist, so erhalten zu werden. Das sind wir unseren Altvorderen zumindest schuldig.

Neben den normalen Unbilden im Unterspreewald, wie Dürre- und Überschwemmungsperioden wirkten sich auch Krankheiten oder Ungezieferbefall katastrophal auf die Lebensumstände der Büdner oder Siedler aus. Wenn dann noch Kriege das Land verwüstete, war das Leben in den Dörfern schon sehr schwierig. Eine erfolgreiche Neuansiedlung auf den wüsten Höfen, wie nach dem 30jährigen Krieg, war dann schon recht schwierig. Trotzdem blieben die wenigen Einwohner von Wasserburg ihrer Scholle treu.

Eine unvollständige Auflistung von derartigen Zuständen verdeutlicht das für eine Zeitspanne von ca. 300 Jahren:

1475	Große Heuschreckenplage im Spreewald, Ernte vernichtet
1564	Sehr strenger Winter
1635	Sehr strenger Winter
1664	Sehr strenger Winter – Wölfe brachen in die Ställe ein
1684	Dürre – Monate kein Regen
1691	4 Jahre in Folge Überschwemmungen und Hungersnot
1694	Unmengen an Schnee
1701	Sperlingsplage
1705	26. Mai, Dienstag vor Pfingsten, Winterkälte mit Schneefall
1726	Heuschreckenplage, Beeskow-Storkow auch genannt Fliegender Schwarm aus Polen und Schlesien. Die Mark Brandenburg über Jahre nicht mehr verlassen.
1728-1730	Heuschreckenplage, Beeskow genannt, Felder nur flach umgepflügt, dann Schweine und Puten auf den Acker getrieben, fraßen die Brut
1739/40	Erdboden viele Meter tief gefroren. Boden taute erst im Juni auf
1750 & 1798	Maul- und Klauenseuche

Heuschreckenplage in der Mark Brandenburg ein unvorstellbares Ereignis. Das gab es laut 2. Buch Mose/Altes Testament doch nur als Strafe Gottes in Ägypten. Sie konnten sich dieses Phänomen nicht erklären und so betrachteten die Menschen der damaligen Zeit die Heuschreckenplage auch als eine Art Strafe. Wanderheuschrecken verursachten teilweise einen erheblichen Schaden und so hat Friedrich Wilhelm I. per 13. April 1731 ein "Edict wegen Vertilgung der Heuschrecken oder Sprengsel" erlassen und mittels der ergänzenden Anweisung vom 24. Oktober desselben Jahres die Bekämpfungsmaßnahmen nochmals verschärft. Wenn dann noch schlechte Ernten wie in den Jahren 1739 und 1740 hinzukamen, sind besondere Maßnahmen zur Eindämmung des Hungers, oder wie damals auch gesagt wurde der ‚Brotnot', erforderlich gewesen. Der König stellte in diesen Jahren mehrmals aus dem General-Proviant-Amt Brotgetreide zur Verfügung. Das Korn wurde direkt an die Mühlen verteilt. So durfte auch der Groß Wasserburger Müller das daraus erzeugte Mehl nachweislich nur an die notleidende Bevölkerung in Neuendorf, Köthen und Krausnick verteilen. Diese hatten dazu eine Bescheinigung, auch Attest genannt, vorzulegen. Der Müller wurde dabei auch überwacht, indem es drohend klang[57]: "Sie müssen sich hüten, daß darüber Klage erhoben und der notleidende Arme nicht dennoch gedrücket oder unehrlich übervorteilt werde." Neben dem Brotgetreide fehlte es in diesem Zusammenhang auch an Saatgut. So durfte z. B. unter Androhung von "100 Thalern Strafe" Gerste erst dann verkauft werden[58] "als bis die kleinen Besitzer ihren Bedarf an Saatgut gedecket habe". Das Saatgut musste aus der laufenden Ernte kommen, denn aus den staatlichen Getreidespeichern konnte es ja nicht bereitgestellt werden, da dieses Getreide aufgrund seiner langen Lagerzeit nicht mehr keimfähig war.

Seuchen und Krankheiten hatten gleichfalls verheerende Auswirkungen auf die Tierbestände. Kenntnisse über deren Ursache bzw. zu ihrer wirksamen Bekämpfung waren sehr unvollkommen ausgeprägt. Tierärzte, so wie wir sie heute kennen, gab es nicht. Zumindest gab es einige entlassene Soldaten, die in der berittenen Truppe gedient hatten und über Erfahrungen bei der Pflege verwundeter Pferde verfügten. Dieses praktische Können haben sie jetzt in ihren Dörfern angewandt. So sind aus heutiger Sicht manche Methoden doch zu hinterfragen, wie bei folgendem Mittel, das gegen die Viehseuche helfen sollte: „Nimm auf ein Rind zwey, auf eine Kuh aber eine Patrone Schiesspulver, reibe es in einem irdenen Gefässe zu klarem Mehl, nimm ferner eine ganze Zwiebel Knoblauch und reibe sie gleichfalls so klar wie möglich, dann zwey Esslöffel voll frische buchene Asche, welche gleichfalls klarzureiben. Menge alles wohl untereinander in einem Topf von einer Kanne gross, giesse dann ¼ Kanne scharfen Weinessig darauf und rühre mit einem Holzspan um und giesse es dem kranken Stück Vieh in den Hals hinunter. Hierauf muss eine Person, die kleine Hände und schwache Arme hat, den rechten Arm bis zum Ellebogen, mit Baumöl bestreichen, dem Vieh in den Mastdarm fahren und selbigen ausräumen, dann ein Licht rollig in den Mastdarm hineinstecken. Das gibt eine Wirkung von stärkstem Clystir. Das Vieh wird gesund werden"[59]. Nun ja, wenn es geholfen hat?

Auch Besprechungen durch Heiler waren damals die Regel in den Dörfern und blieben bis in die 1950er Jahre auf vielen Bauernhöfen ausgeübte Praxis. Daneben war der Glaube an Hexen/Hexer und den ‚Bösen Blick' auch noch bis weit in das 20. Jahrhundert im Volksglauben verwurzelt. Sogenannte Schutzbriefe sollten den Hof vor Unglück bewahren. Bevor sie in das Mauerwerk eingelassen wurden, hat man sie heimlich zum Gottesdienst mitgenommen und so segnen lassen. Noch im Lübbener

Heimatkalender von 1959 sind in einem Artikel interessante Einblicke zu solcher Praxis nachzulesen. Selbst in der heutigen Zeit werden noch Besprechungen praktiziert. Erinnert sei nur an den Volksglauben bzgl. der Gürtelrose oder Warzen.

DIE LANDWIRTSCHAFT BIS 1945

Landwirtschaft war bis zum Ausbruch des I. Weltkrieges für die Dorfbewohner der sie hauptsächlich ernährende Wirtschaftszweig. Sie sind Bauern und etwas anderes wollten sie aufgrund ihrer über die Jahrhunderte erfolgten sozialen Prägung innerhalb der bestehenden ständischen Gesellschaft nicht akzeptieren und sein. Das Dorf war zwar kein isolierter Ort in der Region, aber von einem auf sich bezogenen Dorfleben geprägt. Will heißen, die sozialen und wirtschaftlichen Beziehungen waren auf ein starkes Zusammenleben und -wirken der Bauern ausgerichtet.

Die Bauernhöfe des Dorfes befanden sich schon seit ihrer ersten Ansiedlung recht geordnet entlang der Dorfstraße. Ein typisches Straßendorf, wie die meisten Dörfer rund um den Unterspreewald, war über die Jahrhunderte entstanden. Dem gegenüber waren die Felder und Wiesen noch von einer Gemengelage innerhalb der Gemeindeflur gezeichnet. Das lag in der einstigen Bewirtschaftungsform durch die Dreifelderwirtschaft (Winterung, Sommerung, Brache) begründet. Die Bauern hatten deshalb im Rahmen der Separation meist aus jedem Flurstück etwas Land erhalten. Alle erforderlichen Arbeiten wie Pflügen, Eggen, Säen, Düngung oder Ernte verzettelten sich und die unterschiedlichen Bodenarten konnten dabei situationsbedingt keine ausreichende Beachtung finden. Dazu kam, der sandige Ackerboden bedurfte immer einer aufwendigeren Bearbeitung zur Verbesserung seiner Fruchtbarkeit. Gerade die Wiesen in der Gemarkung sind von einer hohen Versauerung betroffen gewesen. Das hatte seine Ursache in ihrer sumpfigen Ausgangslage während der Landgewinnung und einer über die Jahrhunderte vernachlässigten Wiesenpflege. Für jede Groß Wasserburger Bauerwirtschaft bildet das Ackerland deshalb das wichtigste wirtschaftliche Fundament seiner Existenz. Was warf der Acker für den einzelnen Bauern nach der Separation ab? Pro Morgen rechneten die Bauern durchschnittlich mit 8 Ztr. Getreide, 15 Ztr. Stroh, 75 bis 80 Ztr. Kartoffeln, max. 300 Ztr. Rüben und 25 Ztr. Heu. Das war durchschnittlich 25 % Ertrag weniger als auf den besseren Böden der angrenzenden Beeskower Platte im Altkreis Beeskow-Storkow. Soweit zu den Ertragsaussichten auf den örtlichen Wiesen- und Ackerflächen. Nach Gründung des Deutschen Kaiserreiches sind 1871 die Feldmaße in Deutschland vereinheitlicht worden. Ab da galt der Hektar (ha) als einheitliches deutsches Flächenmaß der 100 ar zu je 100 m² beinhaltete und ¼ ha ist demnach ein Morgen. Der Zentner (Ztr.) war bis weit in das 20. Jahrhundert hinein ein gebräuchliches Einheitsgewicht von 50 kg. Ein weiterer Aspekt bei der Beurteilung der landwirtschaftlichen Gegebenheiten war das Festhalten der Bauern an alten Gewohnheiten. Besonders die aus den kleinen Büdneranwesen hervorgegangenen Bauernwirtschaften taten sich in diesem Prozess der landwirtschaftlichen Umgestaltung doch recht schwer. Denn mit der per Separation erfolgten Landaufteilung veränderten sich ja auch die Anforderungen an den Ackerbau. Intensivierende Anbaumethoden traten immer stärker in den Vordergrund. Daneben verlangte die sich ab da durchsetzende Stalltierhaltung ein neues Futterkonzept. Grünfutterpflanzen gewannen so immer mehr an Bedeutung. Also ein recht komplexer Vorgang im Leben der Bauern. Im 'Amtliches Kreisblatt für den Beeskow-Storkow'er Kreis' gab es deshalb für die Bauern aufklärende Fortsetzungsbeiträge. So z. B. unter der Überschrift "Die Stallmistwirthschaft und die Anwendung der concentrierten Dungmittel" in der Ausgabe vom 3. Januar 1866. Diese Artikel waren nicht schlecht gemeint, erreichten aber den kleinen Bauern in einen Unterspreewalddorf recht wenig, denn wer bezog damals schon eine Zeitung. So setzten sich die neuen Arbeitsweisen nur langsam durch. Zunehmend veränderte sich in diesem Zeitraum auch das Aussehen der Bauernhöfe. Neben den traditionellen niedrigen Fachwerkhäusern mit ihrer Aufteilung in einen Wohn- und Stallbereich entstanden jetzt größere Scheunen mit separaten Stallungen für das Vieh. Auf vielen Bauernhöfen befanden sich daneben auch Backhäuser, die teilweise als Futterküche genutzt wurden. Es wurden das tägliche Brot und der beliebte Blechkuchen gebacken. So ergaben 50 kg Mehl ca 30 bis 32 Brotlaibe. Brot ist auf Vorrat gebacken worden und meist in speziel-

len Brottruhen oder Kisten eingelagert gewesen. Spätestens ab der Errichtung von Neubauernhöfen zum Ende des 19. Jahrhunderts wichen die alten Fachwerkhäuser moderneren Ziegelbauten. Eines der Letzten, dieser ursprünglichen Bauernhäuser ist auf einer Postkarte aus der Zeit vor dem I.-Weltkrieg abgebildet. 1882 brannten die Grundstücke Domke, Lehmann, Müller und Streichan ab. Aufgebaut wurden sie anschließend in massiver Ziegelbauweise. Viele Ziegel stammten dazu aus der Ziegelei Löpten. Im Ergebnis derartiger Brände wurden generell keine Neubauten in Fachwerk mehr genehmigt. Neubauten und Ersatzbauten für marode und abrissreife Fachwerkhäuser gab es nur noch in massiver Bauweise.

Um das Jahr 1900 hatte ein Bauer den Lebensunterhalt für seine Familie und zusätzlich für 3 Stadtbewohner zu bestreiten. Heute liegt das Verhältnis bei 140 Städtern pro Bauer. Kinder waren dringend benötigte Arbeitskräfte. Im Durchschnitt hatten sie nach dem Schulbesuch täglich 6 Stunden auf dem elterlichen Hof zu schaffen. Sie empfanden das allerdings nicht als eine Belastung, vielmehr als Anerkennung dafür 'dass Sie ja schon groß waren'. Die Versorgung des Kleinviehs auf dem Hof, Kühe hüten, Nachharken in der Heuernte, Nachlesen auf dem Kartoffelacker, Eicheln sammeln für die Schweinemast waren typische Kinderarbeiten. Wer verbindet in der heutigen Zeit noch die Schulferien mit dem bäuerlichen Ernterhythmus, Sommerferien waren für die Getreide- und die Herbstferien für die Kartoffelernte da. Die meisten Kleinbauern des Ortes säten ihr Getreide von Hand. Aus einer vor dem Bauch gehängten Wanne aus Zinkblech streute man die Saat mit gleichmäßigem Armschwung aus.

Hart war die Getreidemahd für alle Beteiligten. Nachdem die Männer mit der Sense das Getreide legten, haben die Frauen die Halme aufgerafft und zu Garben gebunden. Zum Trocknen erfolgte das Aufstellen der Garben in Mandeln. Zum Verständnis, eine Mandel waren 16 Stück und damals gängige Mengenangabe wie z. B. auch das Dutzend mit seinen 12 Stück. Bis weit in die 50er Jahre sah so die Getreideernte auf den Feldern um Groß Wasserburg aus. Das sogenannte Vesperbrot war dann kein fröhliches Zusammensitzen, sondern ein notwendiges Ausruhen zur Erneuerung der körperlichen Kräfte während dieser schweren Arbeit.

Wenn die Mahd vorbei war, lagerte das Heu und Getreide in der Scheune, die Rüben und Kartoffeln in der Miete. Im Keller standen die Regale voll eingeweckten Obstes und Gläser des beliebten Pflaumenmuses. Die bäuerliche Arbeit war damit aber noch nicht getan, das Getreide musste gedroschen werden. Eine kräftezehrende Handarbeit mit Dreschflegeln stand an. Daneben war selbstverständlich auch das Vieh zu versorgen. Vor dem I.-Weltkrieg warfen die einzelnen Wirtschaften nur einen minimalen Verdienst ab. So erzielte der Bauer auf dem Viehmarkt in Wendisch Buchholz für ein Kalb um die 9 Mark und für eine Mandel Eier erhielt die Bäuerin 60 Pfennige. Zur damaligen Zeit war das schon viel Geld, wenn der heutige Wert von 10 Euro für eine Goldmark anzusetzen ist. Eine Kuh erbrachte eine jährliche Milchleistung von maximal 1.000 Liter. Auf alle Bauernhöfe gehörten Milchzentrifuge und Butterfass zu den alltäglichen Arbeitsgeräten. Der Rahm, auch als Sahne bezeichnet, wurde gesammelt und meist einmal pro Woche zu Butter geschlagen. Einen Teil der entrahmten Milch verbleib auf dem Hof und konnte dann an das Jungvieh und die Schweine verfüttert werden. Ein gehöriger Schuss Buttermilch gehörte schon in die gestampften Kartoffeln oder gehackten Rübenblätter.

Die Futterversorgung war nicht einfach zu sichern. Alle sich bietenden Möglichkeiten zusätzlich Futter zu bekommen hat man genutzt. Wenn wir in diesem Zusammenhang an die bereits geschilderten Witterungsunbilden denken, dann werden auch folgende Handlungsweisen verständlicher, wenn allein im Monat Juni 1910 sechs Bauersfrauen aus Groß Wasserburg beim „... Nadelstreu entwenden ...“[60] durch den Forstaufseher gestellt und zur Anzeige gebracht wurden. Sicherlich taten sie es nicht aus Übermut. Vielmehr zwang sie das Wohl ihres Viehes dazu. In den Jahren davor verursachten Wetterunbilden bedeutende Ernteausfälle und das hatte weniger Futter- und Einstreumengen zur Folge. Dazu kam, dass die Königliche Oberförsterei Klein

Wasserburg viele Forstge- rechtsame, so auch die Streuberechtigung, erst 1889 [61] endgültig zu Un- gunsten der Bauern mittels einer kleinen Landabfin- dung abgelöst hat. Wie zu sehen ist, althergebrachte Rechte lassen sich nicht so schnell aus den Köpfen tilgen. Andererseits bestan- den einige Forstgerechtsa- me, wie zur Nutzung des

Unterspreewaldes bis weit in das 20. Jahrhundert hinein. Mehrere Bauern nutzten daher die kleinen Lichtungen im Pusch, wie der Unterspreewald umgangssprachlich

genannt wurde. Dort hat man Gras gemäht, das Bruchholz gesammelt und dann alles auf dem Kahn nach Groß Wasserburg transportiert. Immer wieder tauchte dabei in den Erinnerungen der Bereich um Spundphäle auf. Wichtig, auf der Postkarte von 1935 wird darauf Bezug genommen.

Wichtige Termine im Jahresablauf sind für unsere Bauern die regelmäßigen Märkte in Wendisch Buchholz gewesen. Dort fanden jährlich 6 allgemeine und 5 Viehmärkte statt. Daneben gewannen vor allem ab den 1930er Jahren die Wochenmärkte in Berlin immer mehr an Bedeutung.
Eine Bäuerin aus Groß Wasserburg macht sich auf den Weg zum Markt nach Wendisch Buchholz. Hier gab es viele Marktstände und Kunden die vor allem nach Produkten aus der Region verlangten.

Wie war die Ablieferung der durch die Bauern erzeugten landwirtschaftlichen Produkte gestaltet? Für Schwein und Rind erfolgte das über einen Viehauftrieb im Dorf. Mit

Handschlag wurde sich über den Preis mit dem Viehhändler geeinigt. Die Milch ging an die Molkerei Heinz Haak in Wendisch/Märkisch Buchholz. Der Bahnhof Brand war das Ziel des verkauften Getreides, der Kartoffeln und Rüben.

Übrigens zum Bahnhof Brand fuhr man nicht die Landstraße über Krausnick. Schneller und kürzer ging es quer durch den Kiefernwald an der alten Brandförsterei vorbei direkt auf den Verbindungsweg Krausnick – Neue Schenke - Brand – Golßen. Gleich hinter dem Ortsausgang von Groß Wasserburg, am Krausnicker Weg gelegen, gibt ein alter steinerner preußischer Wegweiser die Richtung zur Neuen Schenke an. Der anschließende Hohlweg zeugt noch heute von seiner langen Nutzung.

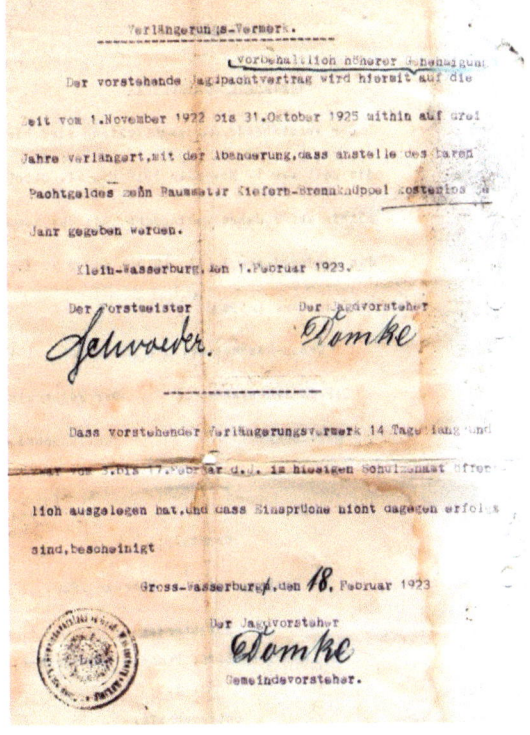

Zur Gemeindefeldmark von Groß Wasserburg gehören rund 290 Morgen Acker-und Wiesenflächen, die zur Bejagung freigegeben waren. Der Jagdpachtabschluss erfolgte mit dem Forstamt Klein Wasserburg durch den Ortsvorsteher. Aus den vorliegenden 5 Verträgen des Zeitraums von 1916 bis 1931 ist ein steter Rückgang der jährlichen Pachtsumme festzustellen. Wurde 1916 noch eine Jahrespacht von 400 Mark vereinbart, erhielt die Gemeinde Groß Wasserburg 1931 nur noch 200 RM. Im Jahr der Hyperinflation von 1923, denn das Geld war wertloses Papier geworden, schloss der Gemeindevorsteher und gleichzeitiger Jagdvorsteher Domke die Pacht in Form einer kostenlosen Lieferung von 10 Raummeter Kiefer-

Brennknüppel ab. Zweifellos war die Beheizung des Schulraumes wichtiger als das wertlose Papiergeld.

Jedes Stückchen Acker bzw. Wiese war für die Groß Wasserburger Kleinbauern von Bedeutung. An den folgenden drei Beispielen ist zu erkennen, dass diese Pachtflächen auch erforderlich waren, um für eine für den Ort typische Wirtschaft von 3 bis 5 ha Größe die notwendige Futterbasis zu schaffen.

1. Die Königliche Oberförsterei Klein Wasserburg[62] verpachtete regelmäßig, so in den Jahren 1894, 1900 und 1906, insgesamt 4,503 ha Wiesenland an 9 Bauern in Groß Wasserburg. Durchschnittlich betrug die Pachtfläche 0,5 ha mit einer Laufzeit von 6 Jahren. Der Neubauer Karl Zernack, als Beispiel erwähnt, hatte dafür einen Pachtzins von 15 Mark an die Königliche Forstkasse in Wendisch Buchholz zu entrichten. Neben der namentlichen Nennung von zwei Neubauern sind zwei alteingesessene Büdner aufgeführt.

2. Insgesamt 17 Groß Wasserburger Kleinbauern waren in einem Rechtsstreit mit der Domäne Münchehofe verwickelt. Die Preußisch-Brandenburgischen Hausfideikommisses vertreten durch die Hofkammer Charlottenburg klagte gegen diese Groß Wasserburger Bauern um die Höhe der jährlichen Pacht pro Morgen Wiese auf dem Wasigk. Zum Tatbestand der Klage: In einem öffentlichen Bieterverfahren vom 29.05.1919 lagen bereits 9 Angebote für 90 Mark pro Morgen auf dem Tisch des Auktionator, als gegen dieses Gebot zwei Groß Wasserburger gewaltsam monierten und im Ergebnis Pachtsätze von 30 M durchsetzten eskalierte die Verhandlung. 15 weitere Bauern unterstützten sie dabei. Dem beauftragten Auktionator, es war der Münchehofer Administrator, wurde sogar mit Totschlag gedroht. Die zwei Hauptbeschuldigten erhielten von der Strafkammer in Frankfurt/Oder deshalb am 14.10.1919 eine 3 und 6 wöchige Gefängnisstrafe. Die Domäne Münchehofe forderte die Annullierung der erzwungenen Verträge und einen Wertersatz für das geerntete Heu. In der Folge die kurz gefasste Begründung: 1919 lag der Preis für Heu bei „... 1 Zentner 15 Mark ... und jetzt 35 Mark ...", zuzüglich kamen „Die Werbekosten für jeden Zentner ... mit 5 M ..." Im Endergebnis hätte damit jeder beklagte Pächter einen Nutzen von 150 M gehabt.[63] Diesen entgangenen Gewinn verlangte die Domäne jetzt von den Pächtern.

3. Mit den Pachtverträgen vom 4. Juni 1917 und 7. März 1923 erwarben ein Bauer gemeinsam mit "58 Genossen"[64] das Nutzungsrecht über 46 ha Wiesen. Ein weiterer Pachtvertrag vom 8. Juli 1924 teilte das Nutzungsrecht der 8,9522 ha "ehemaligen Buchtwiesen"[65] an einen Bauern und "22 Genossen" auf. Beide Pachtverträge waren sehr langfristig angelegt.

Auch in den folgenden Jahren kam es immer wieder zu Eingaben bzgl. der Anpachtung von Wiesenflächen. Die Gutsverwaltung in Münchehofe sperrte sich häufig, wie bereits angemerkt, gegen eine Verpachtung. Es halfen also nur Beschwerden, wie sie der Neubauer Willi Menze im Namen mehrerer Groß Wasserburger Bauern am 6. Mai 1923 tätigte. Diese Beschwerde hatte Erfolg, denn der Landgerichtsrat Fabricius vom Preußischen Kulturamt Frankfurt-Oder teilte im Auftrag der Hofkammer per 27. Juni 1923 mit, Zitat[66]: "Wir werden den Antragstellern je einen Morgen Wiese auf die Dauer von 6 Jahren verpachten. Der Gutsverwalter in Münchehofe ist mit entsprechender Anweisung versehen." Auch dieser Vorgang beweist, dass immer noch eine angespannte Lage zwischen den Groß Wasserburger Bauern und der Domänenverwaltung vorhanden war. Es sollte noch rund 12 Jahre dauern, bis das Problem Wasig-Wiesen endgültig gelöst war. 1935 wurden die oben erwähnten Ländereien aus dem Bestand der Staatsdomäne Münchehofe herausgelöst und verkauft. Die Wiesen haben hauptsächlich Bauern aus Köthen, Groß Wasserburg und Leibsch erworben. Mit dem Verkauf der Wiesen auf dem Wasig stieß die Münchehofer Staatsdomäne den für sie unrentablen Boden endlich ab. Jetzt allerdings unter einem gewissen staatlichen Zwang. Warum sie sich über Jahrzehnte gegen eine einvernehmliche Lösung sträubte, ist nicht plausibel nachzuvollziehen, zumal diese Wiesen ständig durch Hochwasser gefährdet waren. Gewinn warfen sie allerdings nur über eine überteuerte Pacht ab. Aber nun zum Verkauf und dem Erwerb der Wiesen. Aus den vorliegenden Berechnungstabellen für den Zinssatz waren die Wiesen am 1. Oktober 1935 in das Eigentum der Bauern übergegangen. Für die Bauern bedeutete der Erwerb, dass sie ein paar Heuschober mehr errichten und so die Futterbasis ihres kleinen Tierbestandes aus eigenem Grund und Boden besser sichern konnten. Ins-

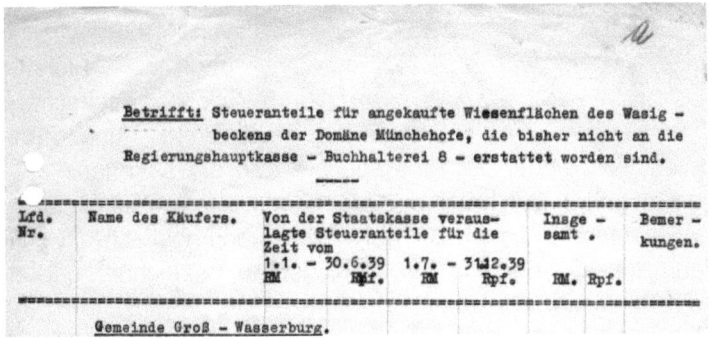

gesamt haben 22 Bauern die 22,87 ha der zur Gemarkung von Groß Wasserburg gehörenden Wiesen zu einem Gesamtpreis[67] von 19.486,80 RM erworben. Der Kaufpreis pro Hektar lag damit bei 852,06 RM. Neben der betreffenden Kaufsumme kamen noch "Steueranteile für angekaufte Wiesenflächen des Wasigbeckens" und Zinsen für den Ratenkauf hinzu. So hatte z. B. eine der kleinen Bauernwirtschaften für 0,52 ha Wiesenfläche einen Kaufbetrag von 460 RM plus dem Steueranteil von 5,20 RM an die Regierungskasse zu zahlen. Bei Begleichung des Betrages in einer Summe entfielen die Zinsen. Die einzelnen erworbenen Anteile waren zwischen 0,52 und 1,80 Hektar groß. Insgesamt haben 20 Bauern aus Groß Wasserburg Wiesenflächen erworben. Die restlichen Wiesenanteile kauften zwei Bauern aus Köthen. Die Bezahlung zog sich über mehrere Jahre hin. Der Zinssatz lag bei moderaten 2,17 % und stellte eigentlich keine zusätzliche Belastung dar. Über die Hälfte der Käufer wurden trotzdem durch die Regierungshauptkasse mehrmals gemahnt. Nach Angaben älterer Bauern sollen die letzten offenen Raten erst nach Ende des II. Weltkrieges getilgt worden sein.

Neben dem Wiesenland ist der Acker eine wichtige Größe für die Kleinbauern gewesen. Diese Ackerflächen lagen jedoch für die einzelnen Bauern, wie bereits mehrmals angeführt, recht verstreut in der Gemarkung. Auf einer Teilkarte des Deutschen Reiches von 1929 wird das deutlich. Flurstücke wie der Tschellna, der Große und Kleine Grund, das Alte Land, der Rogk oder die Pferdebuchte sind als Ackerland auszumachen und als weiße Flächen in der Karte hervorgehoben. Die restlichen Flächen werden eindeutig als Wiesenland definiert. So war die Gemarkungsfläche zwischen der Groß Wasserburger Spree, landläufig als Mühlenspree bezeichnet und dem Dahme-Umflutkanal vollständig als Wiesenfläche eingezeichnet. Selbst Klein Wasserburg mit seiner bedeutend geringeren Hofanzahl hatte eine größere geschlossene

Ackerfläche direkt an die Ortslage angrenzend aufzuweisen. Nach der Inflation bot sich für die Bauern die Möglichkeit, per Antragstellung ihren Besitz als ‚landwirtschaftlich genutztes Grundstück' veranlagen zu lassen. Das brachte für sie Steuervorteile bei der Besteuerung ihres Grundvermögens. Schon damals galt, nur wer einen Antrag stellte, der kam auch in den Genuss von Vergünstigungen. Ein Prinzip, das bis in die Gegenwart nachwirkt.

In den Jahren nach dem I.-Weltkrieg gründeten sich einige Handwerksgewerbe. Neben der bestehenden Gastwirtschaft und Fleischerei entstanden eine Steinsetzfirma, die Bäckerei, ein Maler- und ein Fuhrunternehmen. Meist kamen ihre Arbeiter direkt aus dem Ort und sorgten somit für den Unterhalt der kleinen Bauernwirtschaften. Das brachte eine weitere Veränderung der Sozialstruktur mit sich. Für Groß Wasserburg war dieses Nebeneinander von Landwirtschaft, Handwerk und Gewerbe über Jahrzehnte, und das auch noch bis zum Ende der DDR, kennzeichnend.

DAS DORF IN DER ZEIT VON 1933 BIS 1945

Auch die Bauern des Unterspreewaldes hatten nach dem Ende des I. Weltkrieges schwer unter dem Diktat des Versailler Vertrages zu leiden. Sicher, der Krieg war selbstverschuldet, aber die jetzt folgenden Repressalien seitens der Siegermächte verursachten viel Verbitterung und Hass. Radikale Kräfte gewannen dadurch politisch an Boden und das sollte für Deutschland verheerende Auswirkungen haben. Für die Landwirtschaft kam es jetzt aber darauf an, nach Jahren der kriegsbedingt schlechten Versorgung der Bevölkerung, ausreichend Lebensmittel zu erzeugen. Die Bauern waren dazu bereit, wurden aber von der Politik nicht ausreichend genug unterstützt. Politiker unterschiedlichster Parteien versprachen zwar zu den vielen Wahlen während der Weimarer Republik alles, hielten ihre Versprechungen jedoch nicht ein. Mit der Inflation und der anschließenden Einführung der Renten-Mark verloren auch die Bauern ihr angespartes Geld. So kostete 1 kg Kartoffeln 1 Milliarde aber einen Tag später bereits 460 Milliarden Reichsmark. Dazu kam, den Bauern wurden die Zinsbelastungen auf diese Umwertung, im Gegensatz zur Industrie, nicht erlassen. Mit Ende der 20er Jahre brachte die Weltwirtschaftskrise einen erneuten Preis- und Absatzverfall auf landwirtschaftliche Erzeugnisse. Gerade die Kleinbauern des Ortes konzentrierten sich deshalb vordergründig auf das ‚Durchbringen' ihrer eigenen Familie samt des Hofes. Den Nationalsozialisten fiel es somit nicht allzu schwer, ihre Ideologie in die Köpfe der Bauern zu pflanzen. Obwohl viele Einwohner von Groß Wasserburg der Sozialdemokratie recht nahe standen wurde der Rechtsruck in ihrer Denkweise schnell spürbar. Versprechungen wie sichere Abnahme der Produkte, stabile

Preise und Wahrung des Hofbesitzes trugen wesentlich mit dazu bei. Lehrer Karl Säger, gleichzeitig Ortsgruppenleiter der NSDAP, konnte so in seiner Kurzchronik der Schulgeschichte stolz von 42 PG (Parteigenossen der NSDAP)[68] im Ort berichten. Nach der faschistischen Machtübernahme ist die Kreisverwaltung sehr schnell mit linientreuen Personen besetzt worden. Weitere Wahlen erübrigten sich. Im "neuen Kreisausschuß"[69] waren für den Unterspreewald u. a. "Oberförster Adolf Kamlah in Groß Wasserburg" und der "Kossät Karl Streichan Krausnick" vertreten. Streichan war gleichzeitig Amtsvorsteher des Amtes Krausnick, zudem neben Groß Wasserburg noch Krausnick selbst und Leibsch gehörten. Der Kreistag war somit aufgelöst und das ursprüngliche Wahlergebnis annulliert. Das störte die Menschen so gut wie gar nicht. Beeskow war weit weg und uns geht es jetzt besser als vorher. Die folgende nationalsozialistische Gleichschaltung betraf alle bis dahin bestehenden bäuerlichen Berufsverbände, die Landwirtschaftskammern und das landwirtschaftliche Genossenschaftswesen. Mit dem "Gesetz über den vorläufigen Aufbau des Reichsnährstandes vom 13. September 1933" hatten alle örtlichen landwirtschaftlichen Betriebe, also jeder Bauernhof, alle Fischerei- und Gartenbaubetriebe Mitglied im Reichsnährstand zu sein. Eine Gleichschaltung, die auch im Dorf sehr zügig und ohne Widerspruch über die Bühne ging. Ihren jährlichen Mitgliedsbeitrag hatten sie an das Finanzamt, hier in Beeskow, zu zahlen.

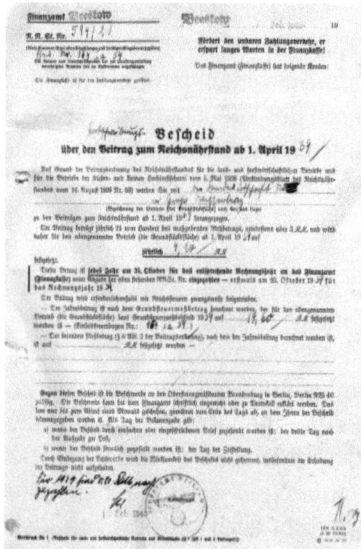 

Berechnet wurde der Jahresbeitrag auf der Basis des Grundsteuermessbetrag und betrug, um ein Beispiel zu nennen, für den Hof Nr.8 in Summe 4,10 RM[70]. Dem örtlichen Reichsnährstand stand der Ortsbauernführer vor und war ab jetzt im Dorf die bestimmende Kraft des Dritten Reichs. Jeder Bauernhof hatte eine Hofkarte zu führen. Obwohl der Ortsbauernführer mehrmals personell, zum Schluss auch kriegsbedingt, wechselte, waren seine Weisungen als verbindlich anzusehen. Bedeutsame dörfliche und gesellschaftliche Höhepunkte innerhalb des Jahres waren das "Maibaum stellen" am 1. Mai, dem Tag der Arbeit und dann der "Tag des Bauern" am 1. Oktober. Ein Erntedankfest sollte es nicht mehr geben. Auf dem folgenden Bild ist der Umzug zum Maibaumstellen 1937 festgehalten. Bürgermeister und Ortsbauernführer gehen an der Spitze des Zuges. Die Mädchen trugen selbstredend alle ihre BDM- und die Jungen ihre HJ-Kleidung gefolgt von den Kameraden der Freiwilligen Feuerwehr.

Im Ort gab es im Jahre 1939 insgesamt 60 land- und forstwirtschaftliche Betriebe[71]. Ihre größenmäßige Einstufung erfolgte gemäß den Vorgaben der damaligen Kreisverwaltung Beeskow-Storkow und war die letzte verlässliche Quelle über die Bevölkerungsstruktur vor Kriegsbeginn. Es waren immer noch 39 Klein- und Kleinstbauern die mit einer Wirtschaftsgröße zwischen 0,5 bis 5 ha den Ort prägten. Weitere 15 Höfe hatten 5 bis 9 ha unter dem Pflug. Wirtschaften in dieser Größe waren bereits zur damaligen Zeit nicht mehr rentabel zu führen. Sie bedurften des Hinzuverdienstes von mindestens einem Familienangehörigen. Das bedeutete, die bäuerlichen Familien mit durchschnittlich drei auf dem Hof lebenden Generationen konnten nicht mehr ernährt und unterhalten werden. Nach dieser Erfassung waren es letztendlich nur 5 Bauernwirtschaften mit einer Hofgröße von über 10 Hektar gewesen die sich wirtschaftlich selbst getragen haben. Die Försterei spielt im Rahmen dieser Erfassung nur eine statistische Rolle als forstwirtschaftlicher Betrieb. Eng verbunden mit dem Erbhofgesetz sind das Reichsbewertungsgesetz vom 16. Oktober 1934 und seine Einheitswertbescheide für alle Grundstücke gewesen. Ab 1. Januar 1935 waren diese Bewertungen die Basis für die Grundsteuerberechnungen. Gleichzeitig mit diesem Gesetz erfolgte eine 'Reichsbodenschätzung', in deren Ergebnis die Ackerwertzahl, kurz Ackerzahl, als Qualitätsstufe für die jeweilige Ackerfläche ermittelt wurde. Die Werteskala begann bei 1 und steigerte sich bis auf eine Höchststufe von 120. Besonders wichtig für die Bauern war, dass ausgehend von der bisherigen Bodenwertzahl in der Ackerzahl auch viele natürliche Gegebenheiten des jeweiligen Standortes Berücksichtigung fanden. Die Groß Wasserburger Ackerflächen hatten danach eine durchschnittliche Ackerzahl von 22 und das Grünland lag mit seiner Bewertung von 26 auch im unteren Drittel der Werteskala innerhalb des Kreises Beeskow-Storkow. Sand und Durchfeuchtungen beeinflussten vor allem diese niedrige Einstufung. Derartige Werte blieben für die Gemarkung bis zu den Intensivierungsmaßnahmen ab Mitte der 1970er Jahre kennzeichnend. Eine Ackerzahl war für die Bauern bei der Bewertung der Ertragsfähigkeit ihres vorhandenen Bodens günstiger als nur nach der Bodenwertzahl.

Zunehmend nahm auch in den kleinen Bauernwirtschaften der Ausrüstungsgrad an Landtechnik zu. Die Preise zum Erwerb der Landmaschinen waren recht moderat gestaltet. Nach der Preisliste der Firma KRUPP des Jahres 1940 kostete ein Gespannbinder mit 1,5 m Schnittbreite 831 RM, ein Zapfwellenbinder für den Schlepper kostete

Einfach und bewährt

bei einer Schnittbreite von 1,8 m schon 1131 RM. Trotzdem verfügte nicht jede ansässige Bauernwirtschaft über die gesamte Palette landwirtschaftlicher Maschinen. Aber der Kartoffelroder, die Windfege, breite oder schmale Drillmaschinen, Schwadmäher, einspännige Heuwender, zweispännige Gespannbinder, Strohschneider oder Dreschmaschinen mit und ohne Gebläse waren im Dorf ausreichend vorhanden. Bei Bedarf tauschte man sich die Maschinen und Geräte gegenseitig aus. Für die einzelnen Bauernwirtschaften bedeutete der höhere Technikbesatz auch eine Freisetzung von Arbeitskräften. So haben 11 junge Frauen und Männer ihren Heimatort verlassen und suchten zwischen 1933 und Kriegsbeginn Arbeit in der Fremde. Das naheliegende Berlin lockte dazu mit einem breit gefächerten Angebot. Es deutete sich ein beginnender Strukturwandel im Dorf an. In diesem Zusammenhang waren erste Bestrebungen zur Vergrößerung bzw. Zusammenlegung von landwirtschaftlichen Nutzflächen in den Dörfern um den Unterspreewald erkennbar. Auch hier war der Reichsnährstand die treibende Kraft. Ein Grund war dabei, die Industrie stellte immer modernere Landmaschinen zur Verfügung, aber auf den vorhandenen kleinteiligen Feldern war ihr Einsatz uneffektiv. Mit dem Kriegsausbruch 1939 hat man diese Aktivitäten des Reichsnährstandes vorerst zurückgestellt.

Nun zu einem etwas heiklen Problem der Ortsgeschichte. Gab es Erbhöfe in Groß Wasserburg? Nach gegenwärtigem Kenntnisstand waren es höchstens 3 Bauernwirt-

schaften. Das Reichserbhofgesetz trat am 1. Oktober 1933 in Kraft und sollte die Zersplitterung der Höfe durch Erbgang und ihre Überschuldung verhindern. Erbhöfe mussten über eine Mindestgröße von einer Ackernahrung verfügen. Unter Ackernahrung verstand man die Gewährleistung der Ernährung der Familie und der Wirtschaftsabläufe des Erbhofs. Das sogenannte Anerbenrecht war strikt an der Blutlinie des Erblassers (§19 und 20) ausgerichtet. Alle Erbhofbauern hatten nach § 13 ihr „deutsches oder stammesgleichen Bluts" nachzuweisen. Als Stichtag war dazu der 1. Januar 1800 angesetzt. Kein Erbhofbauer in Groß Wasserburg hatte nach diesem Gesetz jüdische Vorfahren. Nach der faschistischen Blut und Bodentheorie galt es, das sogenannte Bauerntum als Blutquell des deutschen Volkes zu erhalten, den Erbhof in der

Sippe zu halten und wichtig, dass er unveräußerlich sowie unbelastbar bleibt. Bereits kurz nach Inkrafttreten des Gesetzes erfolgte eine breit angelegte Öffentlichkeitsarbeit. So in einem Artikel "Der Erbhofbauer und sein Recht" im Kreis-Kalender Beeskow-Storkow von 1936.

Die Propaganda der Nazis missbrauchte auch ganz gezielt den christlichen Glauben vieler Bauern. So prangte auf einem Plakat ein übergroßes Hakenkreuz neben drei Getreideähren und dem Text ‚An Gottes Segen ist alles gelegen'. Selbst das Pfarrgrundstück in Krausnick wurde zu Schulungszwecken für Landmädchen lt. einer Ansichtskarte aus 1938 benutzt. Aber das scheint kein Mitglied der Ev. Kirchgemeinde beunruhigt zu haben.

Positiv nahmen die Bauern die Preisbindung für landwirtschaftliche Erzeugnisse auf. Preise für Saatgut, ihr Getreide, die Kartoffeln und die Milch waren staatlich festgelegt. Beispiel: Die Deutsche Saatvermittlungs-Gesellschaft Berlin-Mahlow bot für das Jahr 1940 u. a. Saatgut zu folgenden festen Preisen an:

Rotklee		50 kg zu 90 RM
Kartoffeln	Sorte Viola	50 kg zu 8,10 RM
	Sorte Regina	50 kg zu 6,20 RM
Futterpflanzen	Serradella	50 kg zu 28 RM
	Saatmais	50 kg zu 20 RM
	Süßlupine	50 kg zu 28 RM
Futtermöhrensamen		½ kg zu 5 RM

Neben dem Saatgut konnten die Bauern auch mit garantierten Aufkaufpreisen für ihre Produkte rechnen. Das Beispiel der Frühkartoffel-Absatzregelung 1937[72] belegt das. Bei einer Abgabe ab 11. Juli erhielt der Bauer für einen Zentner zwischen 4,90 bis 5,60 RM. Natürlich senkte sich der Aufkaufpreis je später die Frühkartoffel auf den Markt ge-

bracht wurde, ab dem 17. Juli erzielte der Bauer nur noch 4 bis 4,90 RM.

Neben den auf den elterlichen Hof erworbenen Kenntnissen und Fertigkeiten kam der fachlichen Ausbildung der heranwachsenden Bauernkinder wachsende Bedeutung zu. Nach dem Abschluss der achtklassigen Volksschule hatten die Jungen die Landwirtschaftliche Berufsschule in Leibsch und die Mädchen eine Hauswirtschaftliche Berufsschule in Groß Wasserburg zu absolvieren. Dazu hat man das alte Stall- und Wirtschaftsgebäude auf dem Hof

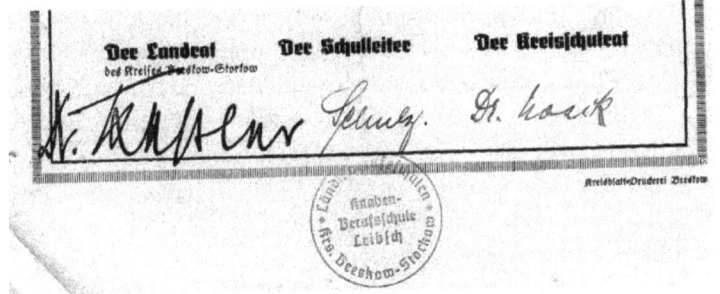

der Volksschule umgebaut und erweitert. Jede Gemeinde musste entsprechend der Anzahl ihrer teilnehmenden Berufsschüler einen finanziellen Unterhaltsbeitrag an Leibsch und Groß Wasserburg zahlen. So zahlten lt. Haushaltsbuch Köthen, Leibsch, Krausnick und Neuendorf für 1939/40 insgesamt 97,09 RM an Groß Wasserburg. Kostendeckend dürfte dieser Betrag mit Sicherheit nicht gewesen sein. Wichtig war, die Jugendlichen erhielten ein theoretisches Grundwissen für ihre künftige Arbeit auf dem Bauernhof und noch wichtiger für die Nazis, dass sie in dieser Zeit direkt dem Einfluss der HJ und des BDM unterworfen waren. Hinzu kamen Versprechungen, dass nach einem gewonnenen Krieg die zweit- oder drittgeborenen Bauernkinder einen eigenen Hof in den eroberten Ländern erhalten sollten. Auch in Groß Wasserburg träumten einige junge Männer von einem Hof auf eigener Scholle. Es blieb bei Träumen und der Realität die als Gefallene, Vermisste oder Kriegsgefangene endete.

In den Dörfern rund um den Unterspreewald fielen diese und ähnlich gelagerten Versprechungen und Aktivitäten der Nazis auf fruchtbaren Boden. Bereits 1934 war die deutsche Versorgung mit Nahrungsmitteln aus der eigenen Landwirtschaft bei Brotgetreide, Speisekartoffeln, Fleisch und Milch mit 100 % gesichert. Butter und Käse folgten mit 82 %, Eier und Geflügel mit 74 %. Also auch hier eine Propagandalüge, wenn von einem Volk ohne Raum gesprochen wird. Ein Volk ohne Raum hätte sich

> Groß Wasserburg,
> den 1. November 1944.
>
> Wir gedenken seiner am Sonntag, dem 12. November 1944, nachmittags 2 Uhr, am Kriegerdenkmal in Groß Wasserburg.

nie so stabil selbst versorgen können. Erst spät erkannten sie, dass man ihre bäuerlichen Traditionen schamlos ausgenutzt und pervertiert hat. Mit Kriegsbeginn 1939 kam es auch in Groß Wasserburg zu Einberufungen kriegsdiensttauglicher männlicher Jahrgänge. Ergebnis: Von fast jedem Groß Wasserburger Hof war ein hoher Blutzoll zu zahlen. Gefallen, Vermisst oder Gefangenschaft sind für die Angehörigen nur schwer zu ertragene Worte. Für die Gefallenen fand dann am Kriegerdenkmal eine Scheinbeerdigung statt, bei der man ein Holzkreuz aufstellte. In der Tagespresse veröffentlichten die Familien ihre Traueranzeigen[73]. Viele junge Männer, ein großer Teil der Generation von Hoferben, fiel so den Verbrechern und ihrem Krieg zum Opfer. Dazu kam, dass etliche der Überlebenden in Kriegsgefangenschaft gerieten und erst nach Jahren in die Heimat zurückkehrten. Sie fehlten gleichfalls auf den Höfen.

Eine vermeintliche Sicherheit für Haus und Hof im Kriegsfall gaukelten Versicherungen zur Deckung von Schäden durch Krieg vor. Sie trat bei Tod des Versicherten durch Kampfhandlungen oder anderen kriegerischen Ereignissen ein. Am Ende des Krieges waren die Bauern ihre gezahlten Versicherungsbeiträge los und keiner von ihnen erhielt eine Entschädigung. Von wem auch, denn den dafür zuständigen Staat gab es ja nicht mehr. Auf den meisten Höfen fehlten seit Kriegsbeginn Arbeitskräfte. Frauen, die Altsitzer und Kinder haben das allein nicht auszugleichen vermocht. Über den Einsatz von Kriegsgefangenen und sogenannten Ostarbeitern sollte dieser Arbeitskräftemangel im Ort beseitigt werden. Auf vielen Höfen waren Ostarbeiter, vorwiegend Polen, mit Zwang eingesetzt. Dazu kam eine ständige ideologische Beeinflussung, wenn z. B. der Kreisbauernführer Lehniger im Kreiskalender Beeskow-Storkow von 1941 von einer „Erzeugungsschlacht der Bauern" sprach. Durch eine brutale und rücksichtslose Ausbeutung der überfallenen Länder war in den ersten Kriegsjahren eine relativ stabile Versorgung der Bevölkerung gesichert. Nach Stalingrad sollte sich das jedoch schnell ändern und die deutschen Bauern hatten dann die Versorgungslücken zu schließen. Sie selbst nahm man aus der Lebensmittelverteilung und machte sie zu sogenannten Selbstversorgern. Selbstversorgung bedeutete also, dass sich die Bauern aus ihrer Wirtschaft heraus teilweise selbst ernähren mussten. Dabei veranschlagte der Reichsnährstand eine Lagermenge von 2,5 dz (Doppelzentner) pro auf dem Hof lebende Person. Hier eine Anrechnungskarte für Selbstversorgung mit Fleisch und Fetten aus dem Jahre 1943 und eine für Teilselbstversorger 1945.

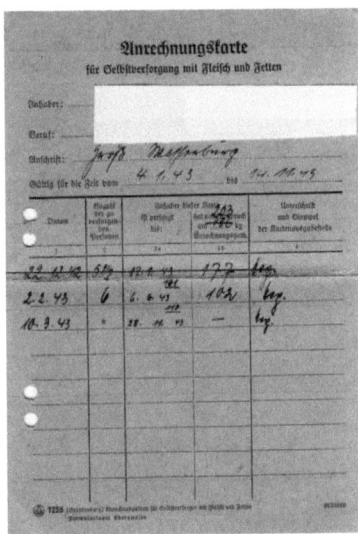

Die Bauern konnten trotzdem immer noch von den Erzeugnissen ihrer eigenen Wirtschaft leben. Manch Schwein oder Kalb wurde „schwarz" geschlachtet. Innerhalb der Dorfgemeinschaft kam es deshalb jedenfalls zu keiner Anzeige, es wollten ja alle irgendwie überleben. Je näher die Front kam, umso mehr beherrschten Angst und Verzweiflung die Menschen im Dorf. Im Zuge der letzten Kriegshandlungen und aus Angst vor Vergewaltigung haben beherzte Frauen und Männer etliche ihrer jungen Töchter im Pusch versteckt. Auch der Keller von Hobecks Wohnhaus war ein Versteck. Hier fand Frau Ursula Schulze geb. Lukas mit anderen jungen Frauen Schutz. Die Falltür war mit einem Teppich abgedeckt und ein Tisch darüber gestellt. Sowohl die Schutzgewährenden wie die versteckten Mädchen waren sich dabei des hohen persönlichen Risikos bewusst. Heute würde es Zivilcourage heißen. Andere Bauernfamilien verließen ihren Hof und suchten Schutz in den Krausnicker Bergen oder flohen in Richtung Schönwalde. Auch materiell spürten die Bauern im Ort den Krieg hautnah. Die Brücke wurde in den letzten Apriltagen von der SS gesprengt. Begründung war, den Vormarsch der Roten Armee zu verzögern. Im Ergebnis ist nicht nur die Brücke in die Luft geflogen, sondern die auf dem angrenzenden Grundstück befindliche Scheune war völlig und das Wohnhaus teilweise zerstört.

Dieses Wehr mit Brücke sollte also kriegswichtig gewesen sein – einfach lächerlich. Es macht nur die Sinnlosigkeit von Krieg und Zerstörung deutlich. Auch das Wohnhaus Dorfstraße Nr.5 fiel einem Beschuss zum Opfer und musste durch die Familie nach dem Krieg Schritt für Schritt wieder aufgebaut werden. Dabei veränderte sich das Haus in seiner Bausubstanz und Aussehen erheblich.

Die Grundstücke Streichan, Hobeck, Lucas und Flaschner fielen gleichfalls noch in den letzten Tagen des Krieges den Kriegshandlungen zum Opfer. Der gescheiterte Durchbruchversuch der SS-Gruppe PIPKORN vom 25. April hatte u. a. zur Folge, dass Groß Wasserburg direkt in die äußere Frontlinie des Halber Kessels geraten war. Das Dorf wechselte in diesen Tagen viermal die Besetzung durch Truppen der Roten Armee und versprengten SS-Einheiten. Letztendlich behielt die Rote Armee die Oberhand und für die Einwohner war damit der Krieg am 27. April 1945 aus. Krieg aus bedeutete aber nicht, dass ab sofort ein normales Leben im Dorf begann. Jetzt begannen erst die Schwierigkeiten. Bauer sein bedeutet, selbst in ausweglos erscheinenden Situationen seine Pflicht zu erfüllen. Das Vieh in den Ställen war zu versorgen. Heu musste dazu von den Stemm- und Fischerwiesen geholt werden. Dabei kam es zu einem tragischen Ereignis, ein Groß Wasserburger wurde erschossen. Er holte mit seinem Kahn Futter und die sowjetischen Soldaten verwechselten das Rudel mit einem Gewehr und schossen auf den jungen Burschen. Auf seinem Transport ins Lübbener Krankenhaus erlag er den Schussverletzungen. Es war April und die Kartoffeln mussten in den Boden. Dabei fand man am Birkendamm drei gefallene deutsche Soldaten. Sie waren nur notdürftig mit Erde bedeckt gewesen. All diese Arbeiten und Geschehnisse fanden sprichwörtlich unter der Flugbahn von Granaten der sowjetischen Sturmgeschütze statt. Die Geschütze waren neben der Mühlenspree in Stellung gebracht. Sie haben von hier aus die zwischen Leibsch und Märkisch Buchholz ziehenden deutschen Soldatenkolonnen beschossen. Alle wollten nur in Richtung Durchbruchstelle des Kessels bei Halbe. Auch heutige Groß Wasserburger, wie Frau ERIKA MENZE, gerieten in diesen tödlichen Strudel von Zivilisten und Soldaten. In einer Artikelserie der Lausitzer Rundschau beschrieb sie ihre traumatischen Erlebnisse als achtzehnjährige junge Frau. Nur weg von der Front und der Roten Armee war die Devise. Reste der 9. Armee unter dem General der Infanterie Busse gelang letztendlich der Durchbruch aus der tödlichen Umklammerung. Auf dem Soldatenfriedhof in Halbe, mit seinen Tausenden an Toden, wird die Sinnlosigkeit eines Krieges deutlich. Halbe, der größte Soldatenfriedhof in Deutschland, ist ein Mahnmal für Frieden und gegen Krieg. Im Rahmen dieser letzten Kampfhandlungen hat ein Truppenteil der 4. Garde-Panzerarmee der 1. Ukrainischen Front die Grundstücke vom Dorfende in Richtung Köthen bis in Höhe der heutigen Grundstücke Löffler und Lehmann zwangsgeräumt. Für fast sechs Wochen war an dem dort errichteten Schlagbaum der Durchgang gesperrt und die Hofbesitzer konnten nur von fern zusehen, wie ihre Grundstücke abbrannten und der Plünderung anheimfielen. Die betroffenen Familien kamen im Dorf unter. Gleich hinter dem Schlagbaum standen mindestens 20 Panzer des Typs T34 und warteten auf ihren Kampfeinsatz. Dazu sollte es aber nicht mehr kommen, denn mit der bedingungslosen Kapitulation

Deutschlands vom 8. Mai 1945 war auch für diese Soldaten der Krieg beendet. Krieg beendet ja, aber jetzt begann eine sehr lange Besatzungszeit.

DER NEUBEGINN NACH DEM KRIEGSENDE

Nach dem Ende des II. Weltkrieges begann eine Zeit der Unsicherheit. Wie sollte es weitergehen? Was wird aus uns Deutschen? Vertriebene überfluteten das Land. Soviel stand fest, wir haben überlebt. Dazu kam, dass es keine funktionierende Verwaltung mehr gab. Zuerst war kein Einheimischer bereit Verantwortung zu übernehmen. Aus heutiger Sicht verständlich, denn die politische Gesamtsituation im Ort war doch vom Nationalsozialismus sehr stark geprägt. In ganz Deutschland begann eine Zeit der Verdrängung und des angeblichen Nichtwissens. Zur allgemeinen Verunsicherung trug auch bei, dass drei Groß Wasserburger über Nacht für eine gewisse Zeit in den berüchtigten sowjetischen Speziallagern verschwanden. Zu ihrem Glück kamen sie wieder nach Hause. Wer hatte sie denunziert oder ungerechtfertigt beschuldigt? Es schien fast so, als wenn jetzt die Zeit gekommen sei, persönliche Rechnungen zu begleichen. Das ist aber für Umbruchzeiten nicht Außergewöhnliches. Aber, dass aufeinander Angewiesen sein, begann sich langsam wieder durchzusetzen. Es galt, auch belastende Probleme aus der Welt zu schaffen. So u. a. auch die neben dem Kriegerdenkmal stehende obligatorische Hitler-Eiche. Gepflanzt aus Anlass des 50. Geburtstages dieses Verbrechers. Aber wer wusste das damals schon. In ihrer Pflanzgrube beinhaltete die Kartusche Zeitdokumente und die Auflistung aller Mitglieder der NSDAP des Ortes. Es sollen die bereits erwähnten 42 PG auf der Liste gestanden haben. Soviel Mitglieder einer einzigen Partei hat es bis in die Gegenwart im Dorf nie wieder gegeben. Wahrscheinlich auch eine geschichtliche Lehre, die lange nachwirkt. Natürlich wussten die sowjetischen Kommandanturen von den Eichen und waren an diesen brisanten Listen interessiert. Mehrere Groß Wasserburger Männer fällten daher in einer Nacht- und Nebelaktion die Eiche und ließen die Kartusche samt Inhalt verschwinden. Nur dumm gelaufen, denn auf wunderliche Art und Weise blieb die Liste erhalten und ist heute Bestandteil des Archivgutes der Gemeinde Groß Wasserburg im Brandenburgischen Landeshauptarchiv. Die Verwaltung nach Kriegsende war sicherlich nicht einfach und die Frage „Wem kann man vertrauen?" nicht einfach zu beantworten. So bestätigte die Alt-Bürgermeisterin Frau GERDA MIETHLING[74], übrigens eine geborene Purps und damit aus einer alteingesessenen Familie stammend, in einem Gespräch und in der von ihr dazu angefertigten Niederschrift, dass von Kriegsende bis zu den ersten Wahlen 1946 allein 9 Männer als Bürgermeister eingesetzt wurden. Ein Offizier der Beeskower Kommandantur setzte so einen angeblich Unbelasteten mit Zwang ein. Er musste dann die Löscharbeiten im angrenzenden Kiefernwald organisieren und gewährleisten. Wer von den Einwohnern nicht mitmachte, der bekam keine Brotzuteilung. In dieser Zeit hielt sich nur der zugezogene Georg Ortlepp für ein paar Monate im Amt. Wie sich später herausstellen sollte, eine recht zwielichtige Person. Er wohnte zuerst in Krausnick und residierte dann aber im Forsthaus von Groß Wasserburg. Residieren ist im Sinn des Wortes zu verstehen, denn lt. den Anmerkungen mehrerer älterer Einwohner, die mit ihm zu tun hatten, sollen Vergleiche zu Kleists ‚Zerbrochen Krug' und Dorfrichter Adam nicht ganz von der Hand zu weisen gewesen sein. Es war ein den Zeitumständen geschuldetes Zwischenspiel. Er verschwand recht schnell von der Bildfläche, denn die Hamburger Polizei fahndete nach ihm, wegen des Verdachtes einen Mord begangen zu haben. Jedenfalls verbrachte er dann von 1947 bis 1969 einen Teil seines Lebens in einem bundesdeutschen Gefängnis[75]. Langsam begannen sich aber die Verhältnisse im Sinn der Besatzungsmacht zu ändern und bis zu den Wahlen 1946 war dann von der sowjetischen Kommandantur eine Ortsverwaltung eingesetzt:

Bürgermeister:	Karl Büttner
1.Beigeordneter:	Richard Fischer
2.Beigeordneter:	Richard Hermelschmidt
Gemeinderäte:	Gustav Schoor
	Erich Härtel
	Alfred Schulze
	Karl Menze

Eigene Entscheidungen hatte die eingesetzte örtliche Verwaltung nicht zu fällen. Das war allerdings in ganz Deutschland so. Sie erhielten Weisungen und Befehle von der jeweiligen Besatzungsmacht, hier von der sowjetischen und hatten sie auszuführen. So waren sie verpflichtet die Äcker von Kriegsschrott beräumen zu lassen, die Bestellarbeiten und Ernte zu organisieren oder Lebensmittel für die einquartierten bzw. durchziehenden Flüchtlinge aufzukaufen. Allein vom 29. Mai bis 20. Juni 1945 kaufte die Gemeinde 1.159,5 kg Roggen und 1.250 kg Kartoffeln für insgesamt 370,65 RM von den Bauern des Ortes, nur um die geforderten Versorgungleistungen zu erbringen. Der gekaufte Roggen musste auch noch in der Schlepziger Mühle gemahlen werden. Das kostete die

Gemeindekasse weitere 15,60 RM. Kriegsschrott war ein begehrter Rohstoff. So waren auf manchen Hof abgesägte Kartuschen als Sauf- und Futternäpfe anzutreffen. Der abgebildete Kartuschenboden überlebte als Wassernapf viele Jahre im ehemaligen Hühnerstall des Verfassers. Nach Kriegsende ist zur Sicherung der öffentlichen Ordnung im Dorf ein Nachtwächter, Herr Purps, eingesetzt gewesen. Er sollte durch mehrmalige nächtliche Rundgänge für Ruhe sorgen und auch dem Diebstahl von Vieh Einhalt gebieten. Von einem geordneten Leben im Dorf konnte keine Rede sein.

Im Jahr 1946 fanden dann die ersten und einzigen freien Wahlen in der Sowjetischen Besatzungszone und späteren DDR statt. In der Provinz Brandenburg erfolgten die Land- und Kreistagswahlen am 20. Oktober 1946. Für Städte und Gemeinden fanden die Wahlen schon vorher, am 15. September 1946, statt.

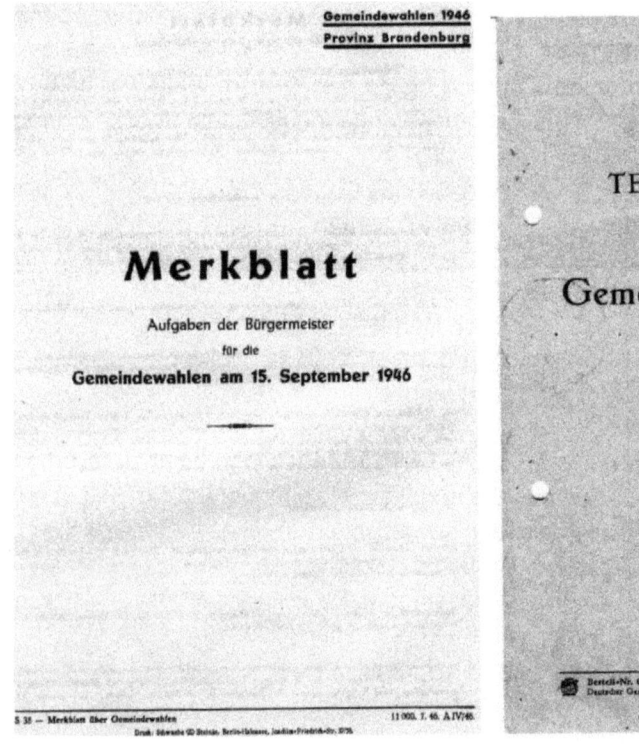 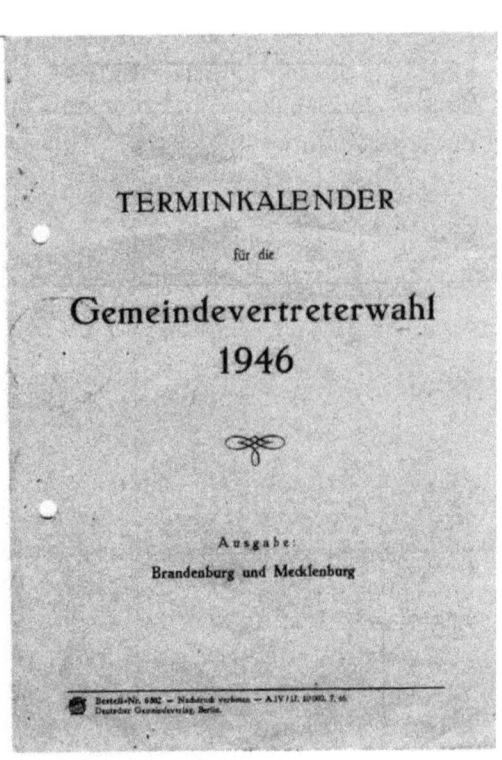

In Durchsetzung des Befehls 201 der Sowjetischen Militäradministration (SMAD) sind lt. einem Schreiben vom 14.10.1946 an den Krausnicker Amtsvorsteher 5 Männer und 3 Frauen aus Groß Wasserburg als nichtwahlberechtigt aufgeführt. Das betraf die ehemaligen örtlichen Funktionsträger der NSDAP, des BDM und Mitglieder der

SS. Da es in der Gemeinde 1946 nur eine einzige Partei und eine gesellschaftliche Organisation gab, die SED und die VdgB, stellten auch nur diese jeweils eine paritätische Anzahl von je 9 Kandidaten für die Wahl zur Gemeindevertretung auf. Also eine überschaubare Kandidatenliste mit ortsbekannten Personen. Das Wahllokal befand sich in der Schule. Im Wahlprotokoll sind keine besonderen Vorkommnisse vermerkt, alles verlief in geordneten Bahnen. Der Wahlvorsteher Richard Fischer gab nach öffentlicher Auszählung das Ergebnis der Wahl[76] wie folgt bekannt:

Wahlberechtigte: 197
Ergebnis: 176 abgegebene Stimmen
                    dv. 141 gültige Stimmen
                    und 35 ungültige Stimmen

Auf die SED entfielen nach der Stimmauszählung 90 und die VdgB 51 Stimmen. Das ergab dann eine Sitzverteilung von 6 für die SED und 3 erhielt die VdgB. Nach diesen Wahlen begann sich das gesellschaftliche Leben im Ort langsam zu normalisieren. Unabhängig von den Wahlergebnissen im Land Brandenburg basierten die staatlichen Entscheidungen auch weiterhin auf und nach den Befehlen der Sowjetischen Militäradministration Deutschlands. Ein Beispiel dafür sind die Festlegungen zur Preisgestaltung gewesen. Noch 1948 erging durch den Minister der Finanzen der Landesregierung Brandenburg ein Rundschreiben an alle Verwaltungsebenen in dem darauf verwiesen wurde, dass Waren und Leistungen gemäß den Besatzungsbefehlen nur zu Preisen zu verkaufen sind, die im Jahre 1944 im deutschen Gebiet Gültigkeit besaßen. Ein weiteres Beispiel war der Befehl 181 zur Sicherung der Versorgung mit Fleisch und Fett. Hier war angeordnet, dass Schweinemastverträge abzuschließen sind. Besonders dieser

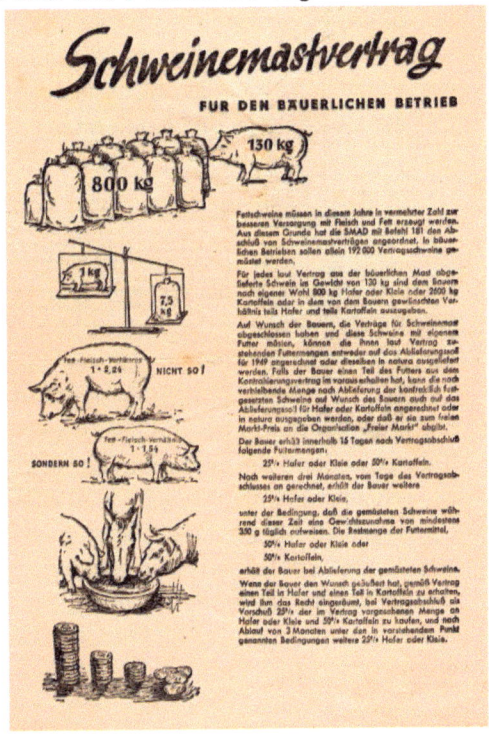

Befehl berührte selbstredend auch die Kleinbauern in Groß Wasserburg. Dazu gab es

95

in der SMAD eine eigenständige Abteilung, die sich nur mit Landwirtschaftsfragen befasste. Ihr Einfluss muss recht bedeutsam gewesen sein, wenn sogar Heinrich Rau als Minister für Wirtschaftsplanung in seiner Rede vom 20. März 1947 vor dem Landtag der Mark Brandenburg auf sie dankend verwiesen hat. Also von Selbstverwaltung auch hier keine Rede. Übrigens war eine derartige Vorgehensweise bei allen Besatzungsmächten feststellbar, wenn auch in unterschiedlicher Ausprägung. Es ging ja um nichts weniger als um die Sicherstellung der Ernährung der deutschen Bevölkerung und damit auch der Vermeidung von Unruhe im besetzten Deutschland. Die Jahre bis zur Gründung der beiden deutschen Staaten in 1949 waren vom beginnenden Kalten Krieg geprägt. Die Allianz der Siegermächte erhielt bereits mit dem Atombombenabwurf auf Hiroshima und Nagasaki erste Risse. Mit der Währungsreform in den amerikanischen, britischen und französischen Besatzungszonen sowie der Blockade von Berlin-West durch die Sowjetunion war nicht nur die Spaltung Deutschlands sanktioniert, sondern auch die Spaltung der Welt in Ost und West vollzogen. Wieder mussten sich die Menschen entscheiden. Für die Bauern in Groß Wasserburg bedeute das, verlasse ich meinen ererbten Hof oder bleibe ich im Dorf. Das beginnende sogenannte „Wirtschaftswunder" in der BRD machte diese Entscheidung für den Einzelnen sicherlich nicht leicht. Die Mehrzahl der Bauern blieb auf ihren Höfen und sie stellten sich damit den nicht immer leichten Anforderungen in der DDR.

LANDWIRTSCHAFT BIS ZUR LPG-GRÜNDUNG

Nach Ende des II. Weltkrieges galt es so schnell wie möglich, die Lebensbedingungen für das deutsche Volk zu sichern. Deutschland hatte ca. ⅓ seiner landwirtschaftlichen Nutzfläche verloren und die damit verbundene Vertreibung der Deutschen aus Ostpreußen, Pommern, Schlesien und den Sudeten schuf in den vier Besatzungszonen westlich der Oder und Neiße eine Situation, die von Not und Elend geprägt war. Kennzeichnend für diese Situation war der Hungerwinter 1946/47. Es musste daher so schnell wie möglich eine stabile Versorgung der Bevölkerung erreicht werden. Dazu gab es unterschiedliche Auffassungen und Wege unter den Besatzungsmächten. In der damaligen Sowjetischen Besatzungszone (SBZ) wurde der Grund und Boden von Großagrariern und Kriegsverbrechern aufgeteilt. Übrigens, auch hierbei stand das Potsdamer Abkommen Pate, bzw. gab die notwendige politische Rückendeckung. Dieser Vorgang ging als Bodenreform in die Geschichte ein und behielt als Rechtsakt sogar über die politische Wende 1989/90 und den Anschluss der DDR an die BRD seine Gültigkeit. Rund um den Unterspreewald gab es allerdings keine großen Güter zum Aufteilen.

Am 6. September 1945 erließ die „Provinzialverwaltung Mark Brandenburg die Verordnung über die Bodenreform"[77].

Im Artikel 1 dieser Verordnung heißt es:

„1) Die demokratische Bodenreform ist eine unaufschiebbare nationale, wirtschaftliche und soziale Notwendigkeit ..."[78].

Die Bauern erhielten jeweils eine Urkunde, auf der ihnen die Übergabe von Acker, Wiese oder Wald als persönlich vererbbares schuldenfreies Eigentum bestätigt wurde.

Im Dorf wurde eine Bodenreformkommission gebildet, die für die Landverteilung zuständig gewesen ist. In Groß Wasserburg konnten insgesamt „... 108,5 ha aufgeteilt ..." werden. Da es im Dorf keinen Besitz von Großagrariern gab, kam einstiges Domänenland und Wald aus dem Besitz der Hohenzollern zur Verteilung. Im Dorf wurde kein großes Aufsehen bzgl. der Landübergabe gemacht. Es gab auch vereinzelte Meinungen, dass ‚man nichts geschenkt bekommen möchte'. Zu einer Ablehnung der Landübernahme kam es allerdings in keinem Fall.

So erhielten:

- 5 Landarbeiter und landlose Bauern 26 ha
- 24 landarmen Bauern 51 ha
- 10 Kleinpächter 15 ha
- Ausschuss für gegenseitige Bauernhilfe 7,5 ha
- Behörde/Gemeindeverwaltung 0,5 ha[79]

Ein landloser Arbeiter erhielt z. B. 5 ha Bodenreformland zugeteilt und galt ab da als Neusiedler. Interessant dabei, seine Eltern betrieben bereits eine kleine Landwirtschaft im Dorf. So konnte unter dem Strich auch eine Bauernwirtschaft vergrößert werden. Rückwirkend muss allerdings festgestellt werden, dass die Bodenreform keinen bestimmenden Einfluss auf die weitere Dorfentwicklung respektive der einzelnen Bauerwirtschaften hatte. Die Besitzverhältnisse an Grund und Boden blieben kleinteilig zersplittert und vergrößerten die Wirtschaften nur geringfügig. Erhielt ein Bauer über die Bodenreform Wald zugeteilt, war damit häufig die Aufforstung der kriegsbedingt abgebrannten Kiefernbestände verbunden, zumal der Waldbestand in der Groß Wasserburger Gemarkung recht umfangreich ist. Für die einzelnen Bauern war es schon recht schwer, das staatliche Soll an landwirtschaftlichen Erzeugnissen zu erbringen. Erstens brachte die Bodenreform rund um den Unterspreewald nicht die gewünschten Erfolge und zweitens lag die Hauptlast der Hofarbeit immer noch auf den Schultern der Bäuerinnen, denn ihre Männer waren gefallen oder befanden sich immer noch in Kriegsgefangenschaft.

Waren vor dem Krieg die Viehmärkte in Beeskow, Lübben oder Märkisch Buchholz wichtige Termine im Kalender der Bauern, so fielen sie nach 1945 fast vollständig weg und wurden durch Landwirtschaftsmessen ersetzt.

Neben der Erfahrungsvermittlung, der Präsentation von neuer Landtechnik waren sie in der SBZ auch Plätze der Propaganda. Im Mittelpunkt standen dabei besonders die Leistungen der neugegründeten Maschinenausleihstationen (MAS). Sie sollten das Fehl an landwirtschaftlicher Technik abdecken und einen Beitrag zur Verringerung des immer noch hohen Anteils an manuellen Tätigkeiten leisten. So fanden in Cottbus mehrere derartige Messen statt. Eng mit der Bodenreform war das Bodenreform-Bauprogramm gemäß Befehl 209 der Sowjetischen Militäradministration Deutschlands verbunden. Später ging es in das sogenannte Neubauernbauprogramm über und kam unter deutsche Verwaltung. Bereits 1948 konnte aus diesem Programm eine Stallscheune im Dorf genehmigt und errichtet werden. Sie kostete insgesamt 15.000 RM. Laut Baubetreuungsplan erhielt das Baugeschäft Otto Nischan aus Hohenbrück den Auftrag durch das Hochbauamt in Beeskow zugeteilt.

Der Grundgedanke war, für viele Neubauern und Vertriebene eine eigene bäuerliche

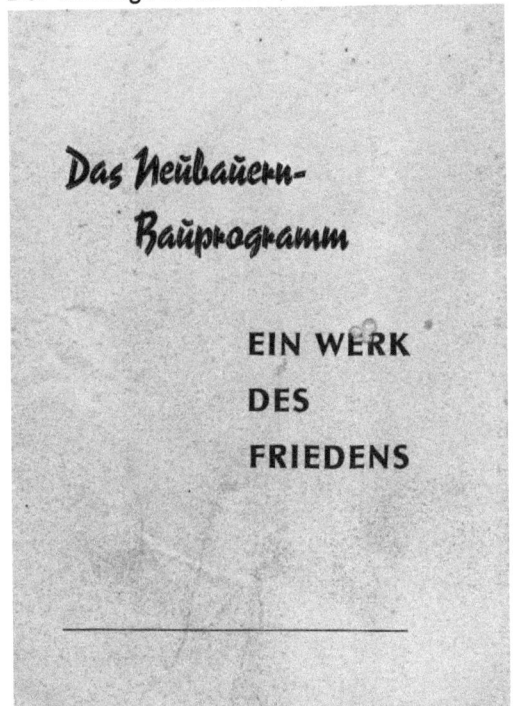

Existenz zu schaffen. Für den Bau eines Siedlungshauses kalkulierte man „... 17.500 RM ..." mit einem Maximalanteil für Löhne von „... 6.500 RM ..."[80]. Die Raumeinteilung sah dabei 50 m² Wohnraumfläche und 15 m² ausbaufähiges Dachgeschoss sowie 35 m² Stallraum vor. Ob allerdings die im Dorf errichteten 3 Siedlungshäuser nur mit diesen Mitteln erbaut worden sind, darüber gibt es leider keine Belege mehr. Wie bereits aus der Aufstellung zur Verteilung des Bodenreformlandes erkennbar, wird deutlich, Vertriebene zogen im Ort auch aus diesem Bauprogramm keinen Nutzen. Allerdings, keiner dieser genehmigten Neubauernhäuser entsprach den ursprünglichen Genehmigungsbedingungen. Dazu kam, das Bauprogramm konnte nicht in dem Tempo, wie ursprünglich angedacht, realisiert werden, häufig fehlte es am erforderlichen Material. Selbst nach Gründung der DDR hinkte der Baufortschritt hinter den Zielen her. Jetzt galt es, mit gezielten Maßnahmen den Rückstand zu beseitigen, indem das Baumaterialproblem mit der Ausrichtung auf sogenannte "Lehmbauten" und der Baumaterialgewinnung aus "zerstörten Gebäuden" beseitigt werden sollte. Auch eine zusätzliche Kreditgewährung von bis zu 5.000 DM sollte aktivierend auf das Neubauernbauprogramm einwirken. Baumaterial wurde ähnlich wie bereits 100 Jahre zuvor teilweise in der direkten Umgebung von Groß Wasserburg gewonnen. Es erfolgte eine Reaktivierung der Lehmgewinnung in den sogenannten Lehmkieten. Ungefähr 200 m hinter dem Großen Grund liegen ca. 40 Stück von ihnen im Kiefernwald. Fast alle Tennen in den Scheunen des Dorfes bestanden aus dem dortigen Lehm. Nicht weit von ihnen entfernt, sind noch die Reste einer Kiesgrube zu finden. Der feine Kies im Mörtel mancher Fassade oder des Betons vieler Fundamente stammt von hier. 1952 waren zwei Neubauernhäuser in Ort endlich fertiggestellt und bezogen. Gegenwärtig ist im Ort nur noch ein derartiges Gebäude in seinem fast ursprünglichen Zustand erhalten.

Haus des Neubauernbauprogrammes

Bis weit in die 50er Jahre hinein wurden die Kühe der Bauern nur per Hand gemolken und die Milchkannen täglich auf den Milchrampen deponiert. Der Transport zur Molkerei erfolgte in den ersten Jahren nach Kriegsende durch gespannfähige Bauern in Eigenregie, also durch solche mit Pferdebesatz. Morgens fuhr ein mit den Milchkannen aller Bauern beladenes Gespann zur VdgB Molkereigenossenschaft e. G. Märkisch Buchholz. Auf der Rückfahrt kam es mitunter auch zu ‚gewissen‘ Unregelmäßigkeiten. Fuhr man über Leibsch zurück, dann war in den Gasthäusern von Märkisch

Buchholz, Leibsch-Damm und Leibsch häufig ein Zwischenstopp angemeldet. Auch über Köthen kamen einige Milchkutscher nur schwer an den Gastwirtschaften oder bei ihren Verwandten vorbei. Also, die Tageszeitung konnte spät am Abend oder sogar erst am Folgetag ausgeteilt werden. Nach Gründung der MAS Krausnick erfolgte dann der Milchtransport mit Traktor und Anhänger. Oskar Schüler und seine Brockenhexe, ein Kleintraktor aus dem Traktorenwerk Nordhausen, besorgte dann den Transport. Natürlich war diese Leistung durch die Bauern zu bezahlen.

Eine bedeutsame Organisation auf dem Lande war die Vereinigung der gegenseitigen Bauernhilfe - VdgB -. Bereits mit Befehl 61 der SMAD wurde die VdgB als eine der ersten Körperschaften des öffentlichen Rechts in der SBZ bestätigt und zugelassen. In jedem Ort gab es eine Ortsgruppe, so auch in Groß Wasserburg. Sie organisierte eine fachliche und wirtschaftliche Ausbildung der Bauern, die Werbung, die Zusammenarbeit mit den Maschinenstationen, organisierte die örtlichen Gespannkräfte, kümmerte sich aber auch um soziale und kulturelle Belange im Ort. Jährlich wurden ihre Leitungen neu gewählt. Daneben gab es bis 1950 selbstständige Genossenschaften in Form

der BHG (Bäuerliche-Handels-Genossenschaft) und interessanterweise auch noch eine Raiffeisenkasse, die spätere Bauernbank. In Krausnick befand sich eine solche Kassenniederlassung, wie der Briefumschlag aus 1949 belegt.

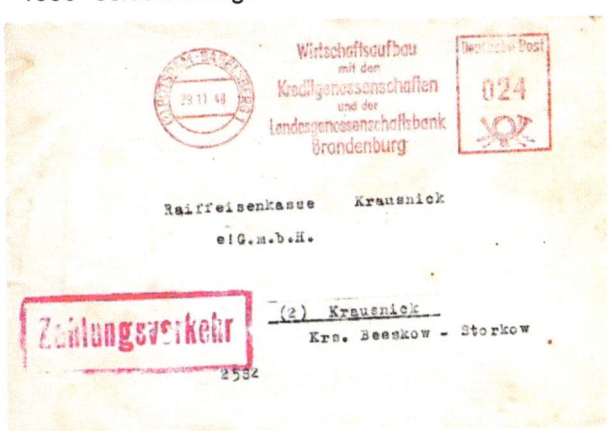

Erst 1954 erfolgte eine Vereinigung von VdgB und BHG[81]. Es ist davon auszugehen, dass die VdgB zumindest für die Zeit von Kriegsende bis Mitte der 60er Jahre ihren Einfluss auf die bäuerliche Entwicklung geltend machen konnte. Danach verlor sie immer mehr an Bedeutung. Ihre einstige politische Funktion übernahm die Demokratische Bauernpartei Deutschland (DBD). Als Blockpartei war sie über die Nationalen Front in das DDR-Parteiensystem eingebunden und wurde immer mehr ein Erfolgsgehilfe der SED. Nach 1990 wurde sie von der CDU komplett übernommen. Im Dorf hatte sie allerdings keine Mitglieder und so waren auch keine Kandidaten für die Gemeindevertretung aufzustellen, das blieb dem VdgB in seiner letzten politischen Funktion im Ort vorbehalten.

Noch zu Beginn der 50er Jahre lagen die durchschnittlichen Bodenwertzahlen in der Groß Wasserburger Ackerflur zwischen 16 und 22. In der Magdeburger Börde verfügen die Feldwege schon über bessere Werte, und trotzdem waren unsere Bauern stolz auf ihre Leistungen und Erträge, auch wenn fünf Jahre nach Kriegsende der Vorkriegsstand an landwirtschaftlicher Erzeugung immer noch nicht erreicht war[82]. Die Erzeugung unterlag auch schon vor Gründung der DDR zentralen Vorgaben und ging 1949 nahtlos in die Planwirtschaft über.

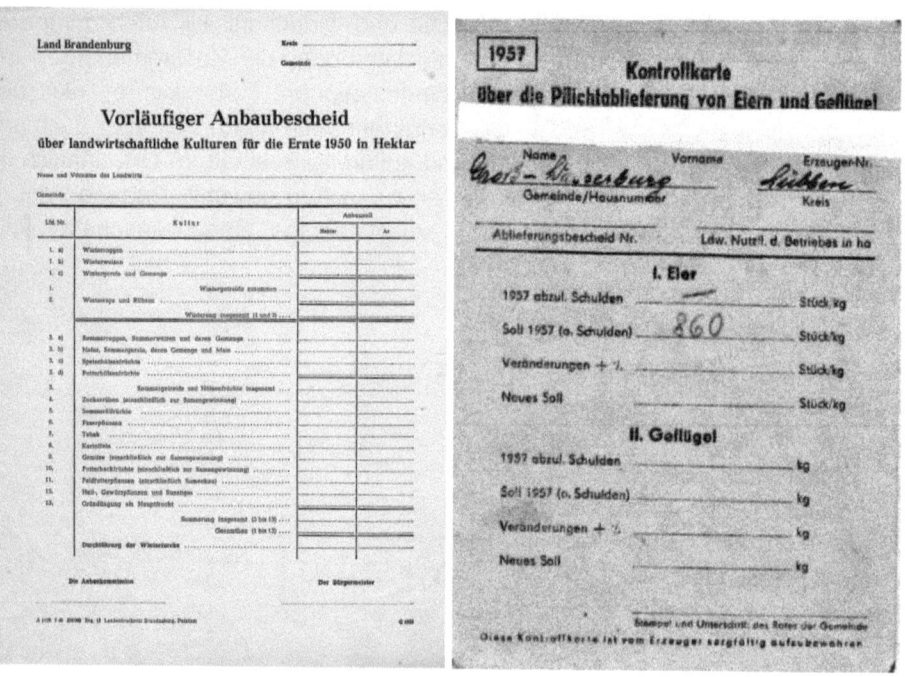

Beauflagungen der einzelnen Bauernwirtschaften erfolgten teilweise recht undifferenziert, zudem mitunter auch unverhältnismäßig. Es kam deshalb immer wieder zu nachträglichen Korrekturen. So musste 1948 für sechs bäuerliche Betriebe eine Austauschlieferung Fleisch für Getreide durch den Bürgermeister beantragt werden. Dies erfolgte in Form einer Kuh für die Schlachtung. Im Ergebnis der Austauschlieferung hat dann die dafür zuständige Viehannahmestelle in Lindenberg Ablieferungsbescheinigungen für insgesamt 1.071 kg Brotgetreide = 182 kg Fleischlieferung und 731 kg Futtergetreide = 102,5 kg Fleischlieferung für die Bauernwirtschaften ausgestellt[83]. Nicht immer ließen sich die damaligen Behörden überzeugen, und dann kam es zu Kontrolleinsätzen und Beschlagnahmungen im Dorf. Eng mit derartigen Vorgängen ist häufig Kritik an kreislichen Behördenmitarbeitern in der Presse, damals noch möglich, geübt worden. So stand in der Märkischen Volksstimme vom 21. November 1947, „... ja es steht im scharfen Widerspruch zum Befehl der SMA Nr.60 Pkt.6, daß der Bauer auf leichtem Boden dasselbe Abgabesoll wie der auf guten Boden hat ..." und fortführend dazu „Pflicht der VdgB ist es, in solchen Fällen entscheidende Schritte zu unternehmen, um die Sturheit solcher Angestellten zu brechen"[84]. Hauptkritikpunkt war häufig die Festlegung des Abgabesolls, vor allem wenn dies nur auf der Grundlage der Hektaranzahl erfolgte. Deshalb fanden gerade bei den Bauern in den Unterspreewalddörfern solch öffentliche Kritiken eine breite Zustimmung. Auf ihren sandigen Böden hatten sie ja naturgemäß geringere Erträge. Vielfach wurde in den Verwaltungen, teilweise auch aus Unkenntnis, die Ackerzahl mit der Bodenwertzahl gleichgesetzt und es kam dann zu solch falschen Beauflagungen. In Groß Wasserburg überprüfte der VdgB deshalb das Abgabesoll der einzelnen Wirtschaften. Es kam trotzdem immer wieder zu nichtuntersetzbaren und überzogenen Plansollvorgaben. Wie bei dem Problem mit Lindenberg setzten sich deshalb auch weiterhin der damalige Gemeinderat und der Bürgermeister für die Bauern ein. Letztendlich waren sie ja alle Bauern und es betraf sie dadurch gleichermaßen. So wendete sich der Bürgermeister am 1. November 1950 in einem fordernden Ersuchen an die Gemüse-Erfassungsstelle Neu Lübbenau und bat um Veränderung des Abgabesolls. Er teilte mit, die "Nachstehende abgabepflichtige Betriebe verfügen nur über Speisemöhren der Qualität B, die sie zur Erfüllung des Gemüsesolles abliefern wollten"[85]. Er fügte dazu an, dass bereits 171,39 dz bestätigte Ablieferungen an Gemüse erfolgt waren. Dieses Schreiben betraf 23 Bauernwirtschaften des Dorfs. Auch hier wird deutlich, die pauschale Qualitätseinstufung erfolgte einfach vom Schreibtisch aus und beachtete die örtlichen Gegebenheiten in keiner Weise. Will in diesem konkreten Fall heißen, dass durch das Sommerhochwasser keine höhere Qualitätsstufe bei Möhren zu erreichen war. Ergebnis, es erfolgte eine Anpassung der Qualitätsstufe, allerdings bei Beibehaltung des mengenmäßigen Ablieferungssolls. Solche Beispiele lassen sich mehrfach nachweisen. Als Hauptgründe für derartige Ersuchen und Anpassungen werden häufig witterungsbedingte Einflüsse angeführt. Objektiv kam dazu, es wurde nach wie vor klein in klein erzeugt. Die folgenden Beispiele belegen diese Struktur für das Dorf:

- „40 einzelbäuerliche Wirtschaften"[86] gab es 1949 im Ort. Die Wiesen und Äcker waren wie eh und je eng parzelliert und boten wenig Raum für eine effektive Bewirtschaftung.

- Auch der Zugtierbestand im Dorf widerspiegelt die Schwierigkeiten, mit denen die Bauern nach dem Krieg zu kämpfen hatten. Obwohl es 15 Pferde und 20 Ochsen im Ort gab, verfügten nur 28 Bauernwirtschaften[87] über sie, die restlichen Wirtschaften mussten sich mit Kuhbespannung behelfen oder Spanndienste leihen. Im Einzelnen sah die Aufgliederung nach Wirtschaften im Jahre 1949 wie folgt aus:
Über 1 Pferd verfügten 6 Wirtschaften
Über 2 Pferde nur 3 Wirtschaften
1 Pferd und 1 Ochsen gab es in drei Wirtschaften
15 Wirtschaften besaßen nur 1 Ochsen
2 Ochsen nannte nur eine Wirtschaft ihr Eigen

- Ein weiteres Problem bestand in den zersplitterten Eigentumsverhältnissen. Am Beispiel des Grünlandes[88] und seiner Besitzer in den Jahren 1948/49 wird das sichtbar. So mussten für die Sollablieferung an Heu von den 134,82 ha Wiese allein 68 Personen bzw. Eigentümer beauflagt werden. Dabei reichte die Splittung der Fläche von 0,05 bis 6,53 ha. So waren z. B. die Windmühlenwiesen in 28, Bomwugge in 27 und die Fischerwiesen in 11 Eigentümerparzellen zerstückelt.

Der hohe Ochsenbesatz mit 20 Tieren lag auch darin begründet, dass die einzelnen Wirtschaften ein Soll an Schlachtfleisch zu erbringen hatten. Ein Ochse konnte bis zur Schlachtreife als Zugtier eingesetzt werden, und dazu später das staatliche Soll an Schlachtfleisch erbringen. So wurde z. B. in der Wirtschaft von Gustav Schulze mindestens aller fünf bis sechs Jahre ein neuer Ochse angeschafft. Wie heißt es so schön: ‚Der Ochse wächst ins Geld, bevor er seine letzte Reise zum Schlachthof antritt'.
Viele Wünsche der Bauern hat man in den ersten Jahren der DDR in Pläne aufgenommen und propagiert, obwohl die wirtschaftliche Basis für deren Umsetzung noch nicht vorhanden war. Ein Beispiel, "Die Ackerflächen des Spreewaldes, die bekanntlich zum überwiegenden Teil aus schlechten Bodenklassen sieben und acht beste-

hen, wollen wir durch großzügige wasserwirtschaftliche Maßnahmen und Meliorationen ... um Tausende von Hektar guten Bodens erweitern"[89]. Die Bauern des Unterspreewaldes mussten noch lange auf diese Melioration warten, denn keiner der Einzelbauern in Groß Wasserburg oder Leibsch wär in der Lage gewesen derartige Maßnahmen zu finanzieren geschweige denn durchzuführen. Dazu bedurfte es eines Strukturwandels der erst viel später, mit der LPG-Gründung langsam begann. Ab Mitte der 70er Jahre begannen die bereits erwähnten großflächigen Meliorationsmaßnahmen zu greifen und waren 1979 zwischen Groß Wasserburg und Leibsch abgeschlossen. Heute prägen die so entstandenen Felder das Landschaftsbild am Rande des Unterspreewaldes vor den beiden Dörfern. Vorweggenommen sei in diesem Zusammenhang festgehalten, auch hierbei trug die wirtschaftlich stabile LPG (P) Dürrenhofe den Hauptanteil der Finanzierung und neben der Meliorationsgenossenschaft Lübben auch einen Teil der Bauleistungen. Harry Mosig, als LPG-Vorsitzender, forderte, und förderte diese Landschaftsumgestaltung sehr eindringlich, denn die modernen Landmaschinen sollten ja so effektiv wie möglich eingesetzt werden. Warum, ganz einfach, selbst ein kleiner Mähdrescher mit einer Schnittbreite von 3,5 bis 4 Metern, war auf den Feldern bis dato nicht wirklich effektiv einsetzbar. Große Schläge mussten her und die erhielt man nur durch diese Meliorationsmaßnahme.

Obwohl verboten, kam es bis 13. August 1961, also dem Mauerbau, immer wieder zu Verkaufsfahrten unserer Bauern nach Berlin. Hier wurden vor allem in den Westsektoren Butter, Eier oder Speck an den Mann gebracht. Natürlich für sogenannte ‚harte Währung‘, also DM-West. Wer dann an der Sektorengrenze den Kontrollen in die Hände fiel, war den Inhalt seines Rucksacks oder Koffers los und musste mit einer Anzeige rechnen. Trotzdem schreckte das nicht ab, man kannte ja Schleichwege und viele hatten nahe Verwandte in Berlin-West. Welche Bäuerin freute sich dann nicht über ihren Petticoat oder die feinen Perlonstrümpfe. Für die Jugendlichen waren die Schallplatten von Elvis, Ted Herold oder Peter Kraus das Nonplusultra. Kinobesuche durften natürlich nicht fehlen. Einen Western oder die beliebten Heimatfilme in der Nachmittagsvorführung anzuschauen machte Freude. Auch Malermeister Schulze verfügte über guten West-Lack für Fenster und Türen seiner Kunden. Daneben haben mehrere Männer aus Groß Wasserburg in Berlin-West gearbeitet und einen schönen Batzen Geldes verdient. In den Wechselstuben ist aber meist nur ein Teil in DDR-Währung umgetauscht worden. Aus 100 DM West wurden dann je nach Wechselkurs schnell einmal bis zu 500 Ostmark, sie nannte sich damals noch DM der DDR. Das war mehr als der durchschnittliche Monatslohn eines Arbeiters in der DDR. Die Nähe zu Berlin zahlte sich bereits damals aus. Trotzdem war das in dieser Augustnacht alles vorbei. Passierscheinabkommen sicherten zumindest den Besuch der Westverwandtschaft. Eigene Fahrten in den Westen waren unmöglich geworden.

Zusammenarbeiten ist ein Grunderfordernis für jeden Bauern. Jetzt war aber eine neue Form dieser Gemeinschaftsarbeit auf dem Lande gefordert. Waren die ersten Maschieneausleistationen (MAS) aus der Not heraus entstanden, um den Mangel an landwirtschaftlicher Technik zu begegnen, stellen ab 1955 die MTS (Maschinen- und Traktoren-Stationen) dagegen eine Vorstufe für die kommende Kollektivierung dar. Waren die MAS noch ähnlich den Maschinenringen in der BRD konzipiert, bei denen die Bauern Maschinen und Leistungen anmieten konnten, waren die MTS auf eine breitere Zusammenarbeit und die Übernahme kompletter Feldarbeiten ausgerichtet. In Krausnick war eine solche Station mit insgesamt 8 Brigaden etabliert.

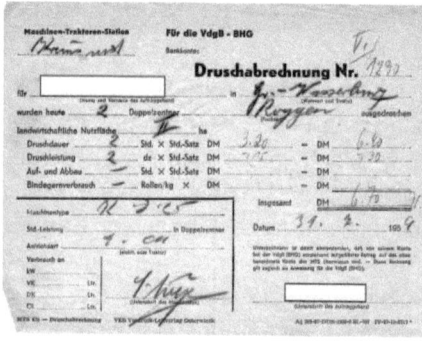

Für die Bauern des Dorfes war die Brigade IV zuständig. Mehrere Groß Wasserburger, wie Oskar Schüler, Erwin Ackermann oder Kollege Fink waren deren Brigademitglieder.
Wie gesagt, die Einzelbauern konnten ihren Acker durch die MTS komplett bearbeiten lassen. Auf den vorhandenen leichten Böden kostete das ca. 25,00 DM pro Hektar. Nebenstehend eine Druschabrechnung der MTS für eine kleine ortsansässige Bauernwirtschaft. Wer das Geld nicht flüssig hatte, konnte

106

selbstredend auch in Naturalien bezahlen.

Jede Bauernwirtschaft hatte, wie schon vorher erwähnt, sogenannte Pflichtablieferungen an den Staat abzuführen. Wenn man so will, Pflichtablieferungen sicherten die Mindesternährung der Bevölkerung. Erst wenn dieses Soll erbracht war, konnte sie den erzeugten Überschuss frei verkaufen, oder wie gesagt wurde auf 'Freie Spitzen'. So hatten z. B. die Bauern des Dorfs ihr jährliches Eiersoll in 1952 bereits zum „... 10. Juni hundertprozentig erfüllt"[90] und konnten ab da ihre Eier frei verkaufen. Alte Zuchtsauen hat man häufig ihres Gewichtes wegen zur Schlachtung abgegeben. Sie brachten durchschnittlich 300 bis 400 kg auf die Waage. Eigenschlachtung lohnte nicht, da das Fleisch zu ‚trocken' war. Zur Soll-Erfüllung brachten diese Sauen aber die erforderlichen Kilo und es konnte schneller auf „Freie Spitzen" verkauft werden.

Jetzt ein paar Erläuterungen zum Soll. Wie ist das Soll zustande gekommen? Die Pflichtablieferungen basierten auf der Größe der landwirtschaftlichen Nutzfläche (LN) der Bauernwirtschaft und sind auf einer Erzeugerkartei durch die Gemeindeverwaltung erfasst. Ein solches Karteiblatt für eine der ortstypischen kleinen Wirtschaften belegt diesen Verwaltungsvorgang.

In der Folge werden zwei weitere ortsansässige Wirtschaften beispielhaft aus dem Jahr 1955 aufgezeigt.

Das erste Beispiel steht für eine normale Bauernwirtschaft aus dem Ort[91]

LNF	3,94 ha	dv. Acker 2,31 ha
Rinder insges.	3	dv. Kühe 2
Schweine insges.	4	
Schafe insges.	1	
Legehennen	16	
Milch (Soll)	1057 Liter	
Eier	378 Stück	
Wolle	2,7 kg	
Lebendvieh oder Schwein	110 kg	
Schwein	117 kg	
Geflügel	2 kg	
Getreide	408 kg	dv. Roggen 408 kg
Kartoffeln	1802 kg	

Das zweite Beispiel steht für eine der wenigen größeren Bauernwirtschaften des Dorfes[92]:

LNF	9,58 ha	dv. Acker 5,36 ha
Rinder insges.	6	dv. Kühe 3
Schweine insges.	9	
Schafe insges.	1	
Legehennen	34	
Milch (Soll)	3140 Liter	
Eier	1076 Stück	
Wolle	2,7 kg	
Lebendvieh oder Schwein	429 kg	
Schwein	446 kg	
Geflügel	5,5 kg	
Getreide	1433 kg	dv. Roggen 1333 kg
Kartoffeln	4089 kg	

Der Berechnungsschlüssel für das tierische Soll war ebenfalls an die zu bewirtschaftende LN gebunden. Für eine sogenannte Großvieheinheit, hier Rind, wurden 1,3 bis 1,6 ha angesetzt, für ein Schwein war die Sollberechnungsbasis durchschnittlich ein Hektar. Ein Umtrieb des Geflügels war aller zwei Jahre angestrebt und es wurde mit 120 Eier pro Huhn und Jahr gerechnet. Die Bauern rechneten erfahrungsgemäß aber mit einer Legeleistung von 150 Stück und mehr pro Henne. Also ca. 30 Eier pro Huhn gingen dann nach Sollerfüllung über ‚Freie Spitzen' in den privaten Verkauf. Im Ort gab es eine zentrale Eiererfassungsstelle, wo alle Bauern ihr Soll an Eiern abliefern mussten. Hier ein Erfassungskontrollschein aus dem Jahr 1957.

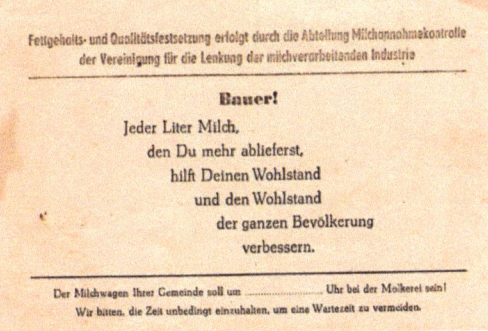

Das tägliche Melken der Kühe lag in den Händen der Bäuerinnen. Je mehr Kühe im Stall, umso größer der Zeitaufwand. Als durchschnittliche Melkleistung von Hand waren 60 Liter pro Stunde anzusetzen. Anschließend wurde die Milch durch ein Leinentuch gegossen und der Rahm von einem Teil mittels Zentrifuge für das eigene Buttern abgeschieden.

Jede Bauernwirtschaft hatte die Milchkanne auf die Milchrampe zu stellen. Eine Milchrampe befand sich am Straßenrand vor der Giebelwand von Leiterts Scheune neben der heutigen Bushaltestelle. Die Abrechnungskarte, unten Vorder- und Rückseite, hatte die gleiche Nummer wie die Milchkanne.

Tierhaltung war wichtig, die Tätigkeit auf Acker und Wiese schuf aber die Basis für sie. Deshalb gilt nach wie vor, der Acker ernährt Tier und Mensch. Wie war Anbau auf den Feldern ausgestaltet? Zur Erzielung eines gewinnbringenden Ertrages hatte sich die Fruchtwechselbewirtschaftung erfolgreich durchgesetzt. In der Folge sah das dann auf solchen Flurstücken wie Neue Land, Buchte, Pachtburke oder Birkendamm annähernd so aus:

Roggen – Kartoffeln – Hafer – Serradella – Roggen – Kohlrüben – Hafer – Lupine

Mehrere ältere Hofbesitzer haben eine derartige Bewirtschaftung in ihren Gesprächs-einlassungen bestätigt. Getreide und Heu wurden in der Scheune eingelagert. So benötigten 1 Doppelzentner (dz) Heu = 100 kg einen Lagerraum von 2 cbm. Auch das wollte beachtet sein. Da häufig die Lagermöglichkeiten auf den Höfen nicht aus-reichten, erfolgte eine Freiluftlagerung mittels sogenannter Heuschober, schließlich rechneten die Bauern mit rund 140 Zentner Heu pro Hektar. Auch der Bau eines Heuschobers war eine schweißtreibende Arbeit für die gesamte Familie.

Jetzt die andere Seite von Kritik, die öffentliche Kritik. Am häufigsten von den planen-den und leitenden Organen des Staates angewendet, wenn auch teilweise etwas undifferenziert. Kritisiert wurde dann, wenn es um die Sicherung der Versorgung der Bevölkerung ging. So wurde Groß Wasserburg als einer der schlechtesten Orte des Kreises Lübben bei der Saatfurche und Aussaat des Sommerweizens im Frühjahr 1953 gerügt[93]. Hier als Beispiel für solch undifferenzierte Kritik bei der unberücksich-tigt blieb, dass durch das Winterhochwasser eine zeitigere Bestellung gar nicht mög-lich war. Aber in einer Zeitung kann ja, wie auch in heutiger Zeit, viel geschrieben werden. Obwohl der Krieg seit mehreren Jahren beendet war, gab es in den Dörfern sogenannte 'Kampfstäbe'. Auch so eine pauschale Übernahme ‚sowjetischer Erfahrungen' und man sollte dabei nicht vergessen, noch waren stalinistische Leitungsprinzipien an der Tagesordnung. Mit richtigem Krieg hatten diese Stäbe nichts gemein, mit dem 'Kalten Krieg' schon eher. In einem kreislichen 'Kampfplan' aus dem Jahre 1954 heißt es dazu: "In jeder Gemeinde ist ein Kampfstab ... zu bilden"[94]. Der Vereinigung der gegenseitigen Bauernhilfe kam dabei eine bedeutsame Stellung zu. Man mag darüber lächeln, aber ein Kampf musste schon geführt werden, um ein Volk zu ernähren, und das ohne Marshallplan und mit der einseitigen Belastung der DDR-Wirtschaft durch die Reparaturleistungen an die Sowjetunion und die VR Polen. Ein Jahr nach dem 17. Juni 1953 galt es, Ruhe in die Dörfer zu bringen. Dazu erfolgten Einwohnerversammlun-

gen im Dorf und Belegschaftsversammlungen in der MTS Krausnick. Hier sollte mit dem Kampfplan "von den Erfahrungen des Jahres 1953" gelernt werden. Eine Schlussfolgerung für die Landwirtschaft besagte, die LPG-Gründungen rund um den Unterspreewald zu diesem Zeitpunkt nicht weiter voranzutreiben. Eine Forderung der Zeit war die Neulandgewinnung. Was für Neuland sollte jedoch am Rande des Unterspreewaldes gewonnen werden? Das Ackerland war weitestgehend erschlossen, es blieb also nur noch der Wiesenumbruch. Aus den Schilderungen älterer Einwohner aus Groß Wasserburg ist erkennbar, nur einige wenige Bauernwirtschaften haben ihn angewandt, und wenn dann auch nur für höchstens ein bis zwei Jahre. Letztendlich benötigte der Unterspreewälder seine Wiesen als Raufutter für das Vieh. Der morgendliche Grasschnitt und das Heu für den Winter sicherten letztendlich sein Soll an Milch. Es galt auch, die Zufahrten zu den vielen zersplittert liegenden Äcker und Wiesen in einem befahrbaren Zustand zu halten. Die Anlieger waren dazu verpflichtet. Besonders nach dem Winterhochwasser war das angesagt. Neben derartigen Naturunbilden hatten sich die Bauern fast jährlich mit Kartoffelkäferbefall auseinanderzusetzen. Selbst der Rat des Kreises Lübben musste sich 1958 mit einem besonders großen Kartoffelkäferbefall befassen und schickte sogar seine Mitarbeiter zum Ablesen auf die Äcker. Zum Ablesen der Schädlinge waren meist neben den Frauen auch ihre Kinder eingespannt. Nicht zu vergessen sind die vielen Mieten in denen der Wintervorrat an Futterkartoffeln und Rüben frostgeschützt eingelagert waren. Im Durchschnitt rechnete der Bauer auf einen laufenden Meter Lagermiete 10 Zentner Kartoffeln. Auch der Drusch des Getreides erfolgte meist noch auf den einzelnen Höfen. Diese Leistung musste natürlich auch bezahlt werden. Das Haushaltsbuch einer Bäuerin erfasste dazu für 1959 immerhin 40 DM für das Ausleihen der Dreschmaschine, 15 DM für einen Helfer und 65 DM für Getränke, Fleisch und Kuchen. Die Mithilfe der Familienangehörigen galt als selbstverständlich. Natürlich fiel dann im Winter auch etwas vom Schlachten oder aus der Kartoffelmiete ab.

Weitere Probleme ergaben sich aus dem nach wie vor bestehenden hohen Anteil an Handarbeit und einer sich abzeichnenden Überalterung der Bauern im Dorf. Die 'Großbaustellen des Sozialismus' wie der Kraftwerksbau in Lübbenau und Vetschau oder das Talsperrensystem im Harz, der Aufbau von Stalinstadt, später in Eisenhüttenstadt umbenannt, usw. erforderten viele Arbeitskräfte. Wie ein Magnet zogen diese Baustellen damals junge Leute aus den Dörfern an und somit ab. Auf lange Sicht gesehen fehlte der natürliche bäuerliche Nachwuchs im Dorf. Es musste also Technik her. Mit den Maschinenausleihstationen hatte es ja begonnen und über die späteren Maschinen-Traktoren-Stationen konnten die Bauern in Lohnarbeit ihre Felder bestellen lassen. Das reichte aber auf Dauer nicht aus. Auch 1956 kämpften sie so, um die "... Handarbeit ..."[95] zurückzudrängen. In diesem Zusammenhang wurden neue Maschinen vorgestellt, wie den "Bodencombinator", die "2,5 m Drillmaschine" oder die "Maiserntemaschine KU 2"[96] aus der Sowjetunion. Was gab es für einen Auflauf als der erste Mähdrescher, ein E173 des VEB Mähdrescherwerk Weimar, auf Leiterts Land am Rande von Groß Wasserburg zu sehen war. Er kam natürlich von der MTS Krausnick und wurde von Erwin Ackermann, einem gebürtigen Groß Wasserburger gefahren. Trotzdem blieben „Selbstableger", welche die Getreidehalme seitwärts ablegten oder „Binder", bei denen gleich in Garben gebunden wurde für die meisten Wirtschaften noch lange im Einsatz. Moderne Landmaschinen waren zwar effektiver einzusetzen, sie benötigten aber auch größere Ackerschläge für ihren Einsatz. Diese waren noch nicht vorhanden und so verteuerte sich ihr Einsatz durch ein häufigeres Umsetzen auf den Handtuchfeldern. An dieser Stelle sei ein Blick in die Zukunft genehmigt. Mähdrescher der neuesten Generation des 21. Jahrhunderts schaffen heute an einem Tag so viel wie durchschnittlich einst drei Bauernwirtschaften mit ihren Helfern in vier Wochen leisteten. Und das nur, weil bei einer Mindestschnittbreite von 6 bis 8 Metern auch die dazu erforderlichen großen Ackerschläge vorhanden sind. Ein wichtiger Schritt zur Stabilisierung der Futterversorgung war die gezielte Förderung des Maisanbaues in der DDR. Der Mais wurde propagandistisch auch als „Wurst am Stiel" bezeichnet. Dieser Ausspruch verdeutlicht besonders seine Bedeutung als Futterpflanze. Problem beim Maisanbau ist jedoch seine geringe Haltefähigkeit der Bodenkrume. Das birgt die Gefahr einer verstärkten Bodenerosion, die nur über den hohen Einsatz an natürlichen und chemischen Dünger in den Griff zu bekommen ist. Heute ist der Mais trotzdem fester Bestandteil in der Futterproduktion für Schwein, Rind und zunehmend sind die Biogasanlagen wichtige Abnehmer. Eine langsame Vermaisung der Landschaft hat begonnen.

Wie hart und schweißtreibend die Arbeit damals war soll das Foto verdeutlichen. Zwei Groß Wasserburger, Vater und Sohn, auf ihrem Ableger bei der Getreidemahd. Abschließend kann festgestellt werden, das Leben im Dorf verlief trotz einiger Schwierigkeiten immer noch in althergebrachten Bahnen. Über die Jahre wurden viele Flüchtlinge fest in das Dorfleben integriert. Viele fanden familiären Anschluss oder schufen sich durch selbstlose Arbeit ein Stück neues Zuhause. Zum damaligen Dorfleben gehörten wie selbstverständlich die Freiwillige Feuerwehr, eine Ortsgruppe des Deutschen Angelverbandes der DDR, die GST-Grundorganisation Schießsport aber auch eine DFD-Ortsgruppe für die Frauen. Die einzelnen Bauernwirtschaften waren immer noch aufeinander angewiesen. Das sollte sich jedoch in den kommenden Jahren ändern.

1959 stand fest, die DDR-Landwirtschaft[97] hatte noch nicht den Vorkriegsstand von 1938 erreicht. Seitens des damaligen Bürgermeisters musste auch für Groß Wasserburg gegenüber dem RLN (Rat für Land- und Nahrungsgüterwirtschaft) beim Rat des Kreises Lübben eingeschätzt werden, dass in 1959 das Staatliche Aufkommen nicht erfüllt war. Es war eine komplizierte Situation in der DDR entstanden. Einerseits wirkte sich die Abschaffung der Bezugsmarken für Lebensmittel und andere Erzeugnisse in 1958 für die Stadtbevölkerung und Industriearbeiter positiv aus, andererseits konnte die Landwirtschaft aber nicht die erforderlichen Lebensmittel für die Bevölkerung und Rohstoffe für die Industrie bereitstellen. Importe an Lebensmittel beschränkten sich hauptsächlich auf Erzeugnisse aus sozialistischen Staaten und konnten das Fehl nicht ausgleichen. Der Anspruch der DDR einen hohen Grad an Selbstversorgung durch die Landwirtschaft zu sichern konnte unter der vorhandenen Produktionsstruktur nicht mehr gesichert werden. Der Druck auf eine Veränderung nahm zu und den verspürten die Bauern im Dorf recht deutlich. Im Sommer 1958 wurden die Bauern des Ortes in der „Lausitzer Rundschau" öffentlich gerügt. Warum? Sie hatten bis dahin noch keine Landwirtschaftliche Produktionsgenossenschaft, sprich LPG, gegründet [98]. Die Gründung der ersten LPG des Ortes erfolgte trotzdem erst am 29. September 1959, also ein Jahr später. Sie wurde aus den drei Bauernwirtschaften Ackermann, Reinke und Miethling gegründet. Hurra, der Jahrestag der DDR konnte damit auch in unserem Dorf würdig begangen werden. Der Name, wie konnte es anders auch sein, war „10. Jahrestag". Noch im gleichen Jahr vergrößerte sich diese Genossenschaft um zwei weitere Wirtschaften. Insgesamt hatten damit 8 Mitglieder 27 ha zu beackern. Die LPG-Mitglieder waren und blieben nach wie vor private Eigentümer an ihrem Grund und Boden. Nur die Nutzungsrechte traten sie an die LPG ab. Im Gegensatz zu den Interpretationen nach 1989 blieb das Land immer noch in Privatbesitz. In den Erinnerungen älterer Groß Wasserburger waren sie in der Zeit des 'Sozialistischen Frühlings' einem teilweise massiven Agitationsdruck ausgesetzt. Um diesen aus dem Weg zu gehen, unternahm man z. B. eine Einkaufsfahrt nach Königs Wusterhausen oder Berlin bzw. besuchte Verwandte. Abends rief allerdings das liebe Vieh und verlangte sein Futter, auch die Kühe wollten gemolken werden, also wieder zurück auf den Hof. Den Leitungskadern des MTS-Stützpunktes Krausnick kam bei dieser ‚Überzeugungsarbeit' eine große Bedeutung zu. Letztendlich erreichten sie das vom Kreis geforderte Ziel, Groß Wasserburg war per 26. April 1960 endlich vollgenossenschaftlich. Kurios bei der LPG-Gründung war, dass anfangs zwei

LPGen[99] nebeneinander bestanden. Hier widerspiegelten sich vielleicht unterschiedliche Interessen und Vorstellungen der Bauern über die Arbeit in einer LPG. Für die damalige Partei- und Staatsführung war jedoch wichtiger, dass nun alle Bauern genossenschaftlich produzierten. Wie sie das allerdings bewerkstelligen sollten, war den Wenigsten klar. Statistisch sah die Genossenschaftsgründung wie folgt aus:

1959	1.LPG, Typ I mit 5 Mitgliedern, 15 ha LN
	LPG vergrößerte sich auf 8 Mitglieder und 27 ha LN
1960	2.LPG, Typ I mit 42 Mitgliedern, 271 ha LN
1961	Zusammenschluss beider LPGen zu einer LPG Typ I

Jetzt wurde auf Beschluss der Vollversammlung der Name der LPG in ‚Mühlenspree‘ geändert. Dieser Name entsprach eher dem Empfinden der meisten Bauern des Ortes und war traditionell begründet.

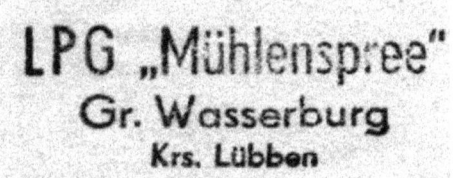

Zu ihrem ersten Vorsitzen wurde der Bauer Gustav Schoor gewählt.
Was bedeutete die Klassifizierung der Genossenschaften in unterschiedliche Typen. Für die LPG „Mühlenspree" war der Typ I maßgebend, das bedeutete, dass nur die Ackerflächen gemeinsam, der Tierbestand nach wie vor individuell zu bewirtschaften war. Erst mit dem 1972 erfolgten Zusammenschluss der LPGen Leibsch und Groß Wasserburg wurde alles gemeinsam in einer LPG Typ III bewirtschaftet. Es war damals ein landläufiger Slogan: 'LPG Typ I, jeder macht seins'. Will heißen, am Anfang änderte sich nicht viel, erst mit den Jahren und einer ergebnisorientierteren Genossenschaftsführung veränderte sich das gemeinschaftliche Arbeiten. Nach wie vor blieb es bei den Planauflagen für die einzelnen Bauernwirtschaften und deren Zuteilung durch den Rat der Gemeinde. Mit einem Viehbestand[100] von 4 Kühen und 10 Schweinen waren immerhin 7.633 kg Milch und 1.000 kg Schwein bei einer Wirtschaftsgröße von rund 7 ha zu produzieren. War die Sollablieferung von Rind erforderlich, konnte das mittels Kalb oder einer ‚alten Kuh‘ erfolgen. Wenn es eine Kuh betraf, dann musste Tierarzt Linke für sie eine „Zuchtuntauglichkeitsbescheinigung" ausstellen. Bei einem durchschnittlichen Alter von 13 bis 15 Jahren sicher kein Problem. Sich von einer Kuh zu trennen war meist keine einfache Entscheidung, denn jede Kuh im Stall hatte einen Namen und keine Nummer im Ohr. Bei dem immer noch

übersichtlichen Bestand an Rindern verständlich. Die Milchleistung der Kühe lag weit unter denen von heute. Noch 1966 erreichte eine Kuh dieser analysierten Wirtschaft nur 3.112 kg Milch im Jahr und kann damit als Durchschnittswert für die meisten der kleinen Bauernwirtschaften stehen. Zur Sicherung des Staatlichen Aufkommens war selbstredend eine gezielte Aufzucht von Ferkeln und Kälbern erforderlich. Eine Bäuerin hatte durch ihre langjährigen Erfahrungen die Aufzucht- und Fütterungspläne im Kopf und parat. Für ein Kalb rechnete sie mit 200 kg Voll- und 600 kg Magermilch. Nach dem Absetzen der Ferkel von der Sau war auch hier Vollmilch angesetzt. Ab 5. Woche kamen neben Voll- und Magermilch, Ferkelaufzuchtfutter und erste Kartoffeln dazu. Mit 11 Wochen gab es dann nur noch normales Schweinefutter. Wenn dann die Molkerei in Märkisch Buchholz Rücklieferungen an Magermilch drosselte oder ganz ausfallen lies, das kam mehrmals im Jahr vor, war offene Kritik angesagt. Über all diese Leistungen war der Unterhalt von Mensch und Vieh zu sichern, denn einen festen Lohn oder Gehalt gab es durch die LPG nicht.

So rechneten die einzelnen Genossenschaftsmitglieder ihre Arbeit über sogenannte Leistungsbücher ab und sind danach mit Geld und Naturalien anteilmäßig entlohnt worden.

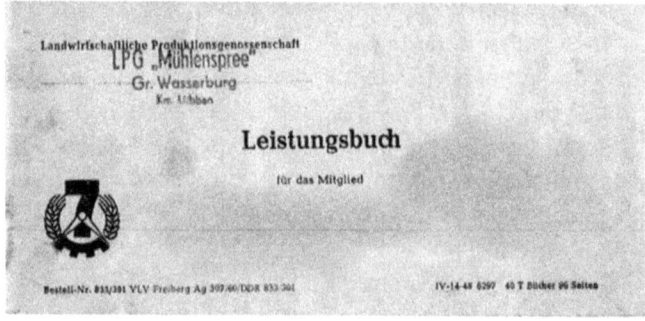

Die Abrechnung erfolgte in Arbeitseinheiten (AE). Was beinhaltet aber eine der AE, das ist nicht eindeutig geklärt gewesen. Im Statut der LPG „Mühlenspree" war dazu jedenfalls keine zwingende Verpflichtung zur Ableistung von Arbeitseinheiten enthalten. Klarer formuliert, aus den vorhandenen Unterlagen war keine Leistungsnorm für eine AE festgelegt. Auf die Dauer ein betriebswirtschaftlich unhaltbarer Zustand, der sich besonders ab Mitte der 60er Jahre gewinnminimierend bemerkbar machen sollte. Gerade solch fehlende Verpflichtung führte dann mehrfach zu teilweise heftigen Auseinandersetzungen in Vorstandssitzungen und Vollversammlungen. Über die ausgewerteten Leistungsbücher lassen sich neben der geleisteten Arbeitszeit auch die unterschiedlichen Tätigkeiten von weiblichen und männlichen Genossenschaftsmitgliedern erkennen. In der Folge eine Auflistung ausgewählter Tätigkeiten aus Leistungsbüchern der Jahre 1965 bis 1969:

Weibliches LPG-Mitglied	**Männliches LPG-Mitglied**
Zwiebeln stecken	Dung laden und ausfahren
Kartoffeln verlesen (Saatgut)	Kunstdünger streuen
Rüben säubern/verziehen	Gemenge einsacken
Gurken säubern/verziehen	Nachpflügen und eggen
Kohlrüben pflanzen	Saatkartoffeln laden und ausfahren
Bohnen pflücken	Raps mähen
Mohrrüben bündeln	Pflügen
Kartoffeln hacken	Bindern

An dieser Arbeitsteilung wird noch immer die traditionelle Rollenverteilung zwischen Frau und Mann in einer bäuerlichen Wirtschaft sichtbar. Gerade diese Rollenverteilung war es, die junge Frauen davon abhielt, einen landwirtschaftlichen Beruf zu erlernen. Sie waren nicht bereit dem harten Arbeitstag ihrer Mütter zu folgen. Zum einen waren es Frauen, die hauptsächlich in der LPG arbeiteten und zeitintensive Pflege- oder Erntearbeiten verrichteten. Zum anderen versorgten sie auch noch Hof und das individuelle Vieh, führten den Haushalt und waren für die Kindererziehung zuständig. Während die Männer, auch in Groß Wasserburg war das so, meist einer Berufstätigkeit außerhalb der Landwirtschaft nachgingen. Der Staatliche Forstwirtschaftsbetrieb Lübben, der LTA-Krausnick, das LUMA-Werk und der private Steinsetzbetrieb Kroll/Berndt in Groß Wasserburg boten dazu reichliche Möglichkeiten. Nach Arbeitsschluss oder an den Wochenenden erbrachten sie dann ihren Anteil an der Hofarbeit bzw. in der LPG. Für die LPG deshalb, sie waren neben ihrer Berufstätigkeit ja auch noch Genossenschaftsmitglied. Gerade auf den vorhandenen kleinen Bauernhöfen bestand diese Arbeitsteilung zwischen Frauen und Männern schon über Generationen und für die ältere Generation war das fast wie eine ,von höherer Gewalt' gewollte Ordnung, an der nicht zu rütteln war. Wie sich zeigte, sollte sich das aber in den letzten zwei bis drei Jahren der Genossenschaft ändern. Zunehmende Verantwortungsübernahme durch die Frauen im Stall und auf dem Feld kippten diese althergebrachte Ordnung recht schnell. Vier Frauen haben sich zu Traktoristinnen, drei in der Viehhaltung fortgebildet und eine besuchte erfolgreich den Meisterlehrgang. Jetzt saßen die Genossenschaftsbäuerinnen auf dem Mähdrescher oder Traktor und haben dabei fast wie selbstverständlich die Geschicke der LPG „Mühlenspree" in ihre Hände genommen. Warum nicht, auf den Höfen hatten sie ja meist schon immer das Sagen. Für die weitere Entwicklung der Landwirtschaft in den Dörfern rund um den Unterspreewald, wie in der ganzen DDR, waren die Frauen eine wichtige Säule bei der Veränderung des bäuerlichen Lebens. Vielfach ging es um recht banale Dinge zur Verbesserung ihres eigenen Lebens. Wie selbstverständlich hatten sie jetzt Anspruch auf den verdienten Urlaub, auf einen monatlichen Hausarbeitstag oder auf bezahlte Freistellung für eine Fortbildung und vieles mehr. Natürlich musste dafür auch Leistung erbracht werden aber dazu waren sie ja bereit, denn arbeiten konnten sie.

In der Folge zwei Fotos zur angeführten Berufstätigkeit der Männer.

Zuerst zwei Groß Wasserburger Männer mit ihren Pferden bei Arbeiten im Wald. Der Gespannführer hatte einen tagfüllenden Job. Nach getaner Arbeit, meist waren es Rückeleistungen der gefällten Bäume, hatte er die Pferde in ihren Stall zu bringen und dort zu versorgen. Der Pferdestall befand sich zum Glück auf dem Forstgrundstück und nur wenige Meter von seinem Wohnhaus entfernt.

Das auf dem Tschellna liegende LUMA-Werk bot vielfältige Arbeit als holzverarbeitendes Gewerk. Auf dem Foto von 1950 ist der Chef, Herr Luther, mit seinen Mitarbeitern zu sehen.

Ein weiterer Handwerksbetrieb, die Steinsetzfirma Kroll/Berndt, reihte sich über Jahrzehnte in diesen Reigen ein. Aus heutiger Sicht war das fast eine perfekte Arbeitswelt, arbeiten und wohnen im selben Dorf, wenn da nur nicht die Zwänge seitens der LPG gewesen wären. Letztendlich trug dieser Verdienst aber auch zur finanziellen Absicherung von Familie und Wirtschaft bei.

Ein weiterer Aspekt der althergebrachten Arbeitsteilung in den Anfangsjahren der LPG lag in ihrem geringen Technikbesatz begründet. Anfangs stützte sich die Genossenschaft vor allem auf die eingebrachten Gerätschaften aus den ehemals einzelbäuerlichen Wirtschaften. Das änderte sich erst, nachdem die MTS aufgelöst waren und eine Verteilung dieser Technik auf die einzelnen Genossenschaften erfolgte. Eine Bezahlung der übergebenen Landtechnik erfolgte auf der Basis des Zeitwertes mittels Kredit der staatlichen Bauernbank. Dieser Kredit belastete besonders in der Anfangszeit die Wirtschaftlichkeit der LPG „Mühlenspree". So verfügte die LPG über einen Geräteträger RS 09, einen Famulus und den rumänischen UTUS. Alles nur leichte Traktoren, die auf den immer noch vorhandenen kleinen Feldern einsetzbar waren. Ein Genossenschaftsbauer hatte einen der ersten in der DDR gebauten Geräteträger vom Typ RS15 aus dem volkseigenen Schlepperwerk Schönebeck, auch als ‚Maulwurf' bezeichnet, in Privatbesitz.

Die Leitung in der LPG „Mühlenspree" war von einem häufigen personellen Wechsel an der Spitze der Genossenschaft geprägt. In den über zwölf Jahren des Bestehens gab es folgende LPG-Vorsitzende[101]:

Zeitraum	Name Vorsitzender
29.09.1959 - 26.04.1960	Willi Miethling
26.04.1960 - 20.01.1961	Gustav Schoor
20.01.1961 - 21.03.1963	Max Kroll
21.03.1963 - 04.04.1964	Karl Menze
04.04.1964 - 31.12.1965	Paul Gnädig
- 28.01.1966	kein Nachweis
28.01.1966 - 06.02.1969	Karl Menze
06.02.1969 - 1970	Heinz Lehmann
1970 - 23.04.1972	Anita Krupsky

Das schaffte Unruhe unter den Mitgliedern, auch wenn diese Wechsel vielfach von ihnen selbst mit verursacht wurden. In diesem häufigen Wechsel spiegelten sich vor allem unterschiedliche Vorstellungen zur Arbeit in ihrer Genossenschaft wieder. Der Wunsch nach dem 'schnellen Erfolg' aber auch eine gewisse Konzeptlosigkeit waren über die Jahre hin zu erkennen. Plötzlich sollte in wirtschaftlichen Größenordnungen geplant und gearbeitet werden die man in ihren kleinen Bauernwirtschaften nicht benötigte und daher nicht kannte. Aus seinem fünf, acht oder zehn Hektar großen Bauernhof waren jetzt rund 270 ha an Acker und Wiesen geworden, für die er, der Genossenschaftsvorsitzende, Verantwortung trug. Die LPG-Mitglieder verlangten das in einer eigentlich ungerechtfertigten Weise von ihm. Protokolle der Vorstandssitzungen bzw. Jahreshauptversammlungen machen das sichtbar. Gerechterweise muss dazu aber bemerkt werden, in der Zeit des LPG-Aufbaus nahm der Staat wenig Rücksicht auf die kleinteilige Ausgangsstruktur vieler LPGen. Das traf so auch auf die Groß Wasserburger Genossenschaft zu. Immer deutlicher macht sind mit den Jahren der Arbeitskräftemangel und ein Fehl an jungem Nachwuchs bemerkbar. Für viele Jugendliche war, wie bereits angedeutet, diese Art und Weise des Arbeiten und Leben auf dem Hof ihrer Eltern bzw. in der LPG nicht mehr attraktiv genug und so verließen sie ihr Heimatdorf. Eine nicht rentabel geführte Genossenschaft war auch deshalb die

Folge, oder wie man damals sagte eine „LPG mit niedrigem Produktionsniveau". Groß Wasserburg betraf das nicht allein, denn in noch weitere 25 Genossenschaften des Altkreises Lübben sah es ähnlich aus. Unter zugrunde legen der Allgemeinen ökonomischen Kennziffern der 35 LPGen vom Typ I und II des Jahres 1969 im Kreis Lübben wird sichtbar, dass eigentlich nur 10 Genossenschaften als wirtschaftlich stabil zu betrachten waren. Als Hauptursachen hat die LAUSITZER RUNDSCHAU in einem Artikel vom 25. August 1970 "Nichteinhaltung der innergenossenschaftlichen Demokratie, mangelhafte Leitungstätigkeit sowie ungenügende Qualifizierung der Mitglieder" genannt. Die im Juli 1970 beschlossene neue Betriebsordnung war deshalb ein richtiger Ansatz zur Verbesserung der genossenschaftlichen Arbeit aller Mitglieder. Der Artikel macht aber auch auf innergenossenschaftliche Probleme aufmerksam.

LPG Wasserburg zieht Lehren aus den Fehlern

Die Mitarbeit eines jeden ist gefragt / Im Juli wurde eine neue Betriebsordnung beschlossen

Auf Groß Wasserburg bezogen heißt es "..., daß noch nicht alle bewußt an der Weiterentwicklung der LPG mitarbeiten" oder "Es gilt auch bei den letzten Mitgliedern die Bereitschaft zu wecken (...) mitzuarbeiten"[102]. Im Umkehrschluss bedeutet das, nicht alle Genossenschaftsmitglieder zogen an einem Strang oder deutlicher formuliert, sie hatten kein Interesse an einer Mitarbeit. Um eine finanziell und wirtschaftlich gesunde Basis für die LPG zu schaffen, waren sogenannte Inventarbeiträge durch alle Bauern bei ihrem Genossenschaftsbeitritt zu erbringen. Vielfach sind landwirtschaftliche Maschinen und Hilfsgeräte aber auch Großvieheinheiten (Rinder) wertmäßig in dem Inventarbeitrag aufgegangen. So geht aus einem Übernahmeprotokoll der LPG „Mühlenspree" vom 17. 3. 1963 hervor, dass der Inventarbeitrag neben dem Strohschneider eine Kuh und eine Färse beinhaltete. Es gab für derartige Vorgänge eine Übernahmekommission, bestehend aus 4 LPG-Mitgliedern und dem jeweiligen Vorsitzenden. Das Übernahmeprotokoll war ein amtlicher Vordruck. Zum besseren Verständnis, Inventarbeiträge waren zinslose persönliche Darlehen und damit eine Vorleistung der LPG-Mitglieder beim Eintritt in die Genossenschaft und konnten/sollten bei entsprechender wirtschaftlicher Lage wieder zurückgezahlt werden. Pro Hektar eingebrachte landwirtschaftliche Nutzfläche mussten 500 MDN und für den Hektar Wald sogar 800 MDN erbracht werden. Diese Beiträge waren ursprünglich nur in der Startphase zu erheben und bildeten anfangs den Großteil der genossenschaftlichen Grund- und Umlaufmittel. Es zeigte sich aber, dass eine finanzielle und wirtschaftliche Festigung der Groß Wasserburger Genossenschaft über fast den gesamten Zeitraum ihres Bestehens nicht erreicht werden konnte. Für die Mitglieder hatte eine solche Entwicklung zur Folge, dass immer wieder Umlagen zur Stützung des Finanzfonds erhoben werden mussten. Aufgrund der Tatsache, dass der Sektor Tierproduktion individuell betrieben wurde, aber zum Gesamtergebnis der LPG zählte, waren die Umlagen meist auch über diesen Teil zu finanzieren. Auch diese Umlagen galten als zurückzahlbares Kapital. Über Jahrzehnte hin, eigentlich bis zum Ende der DDR, vollzog sich eine recht streitbare Diskussion dazu. Immer wieder verbunden mit der Einreichung von Forderungen zur Auszahlung der Inventarbeiträge. In der Wendezeit wandte sich die Gemeindevertretung Groß Wasserburg deshalb mit einem Brief an die Volkskammer der DDR, um den berechtigten Forderungen der LPG-Mitglieder auf Rückzahlung des Pflichtinventarbeitrages durch die LPGen Nachdruck zu verleihen. Die Endfassung des Schreibens oblag den damaligen Abgeordneten Buschick und Witzsch. Vielfach erhielten dann die eigentlichen Einzahler schon nicht mehr das Geld, sie waren bereits verstorben, sondern deren jetzt noch lebenden Rechtsnachfolger. Ein weiterer Punkt im damaligen Forderungskatalog der Bauern war die Rück-

führung des einstigen Bauernwaldes in Privatbewirtschaftung. Dazu erging durch Herrn Soldner, dem Vorsitzenden der LPG (T) „Spreewald" Leibsch, per 13. März 1990 ein Schreiben an den Staatlichen Forstwirtschaftsbetrieb Lübben mit der Forderung auf Rückgabe

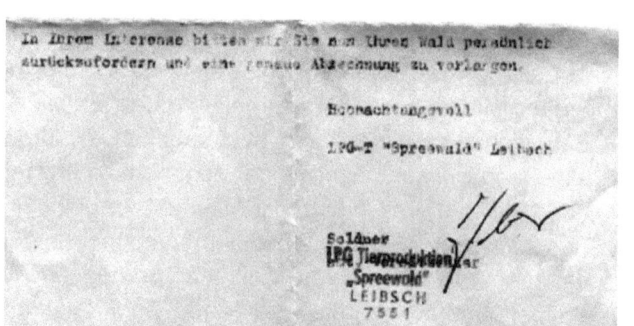

des Waldes. Es gab seitens des StFB Lübben dazu einen klaren Rechtsbescheid, dass die Rückübertragung des Waldes nur an seine Besitzer erfolgen könne und das waren die LPG-Mitglieder. Seitens der LPG (T) „Spreewald" erging deshalb per Brief vom 31.05.1990 eine entsprechende Information an die Waldbesitzer ihren Wald persönlich zurückzufordern, siehe obigen Auszug. Im Ergebnis erhielten die Waldbesitzer ihr volles Verfügungsrecht für den Wald zurück. Das hatte natürlich zur Folge, dass sie ab jetzt auch für alle anfallenden Kosten der Pflege und Hege ihres Waldes wieder selbst aufkommen mussten.

Obwohl es eine LPG gab, wurden die Mitgliedswirtschaften noch über eigenständige Pläne, hier als Marktproduktion für das Genossenschaftsmitglied der LPG Typ I/II bezeichnet, beauflagt. Dazu kam, dass die Gemeindevertretung befugt war, zusätzliche Planauflagen zu erteilen. Ein solcher Beschluss vom 16.12.1965 belegt die zusätzliche Beauflagung zur Haltung von Sauen. Von wirtschaftlicher Eigenständigkeit der Genossenschaft kann unter diesen planwirtschaftlichen Bedingungen nicht gesprochen werden. Den Planvorgaben lag nach wie vor die eingebrachte Landwirtschaftliche Nutzfläche (LN) zugrunde. Eine sehr große Differenziertheit im Viehbestand der einzelnen Wirtschaften wird auch noch in 1970 erkennbar. Die folgenden Beispiele sollen das verdeutlichen. Obwohl die Betriebspläne davon ausgingen, dass eine Großvieheinheit pro Hektar zu bemessen war, ist es schon recht verwunderlich, wenn eine Wirtschaft von den 3,12 ha / LN 7 Rinder und 4 Schweine hielt. In einer anderen Wirtschaft mit vergleichbarer Hofgröße von 3,23 ha / LN werden aber nur 3 Rinder und überhaupt kein Schwein gehalten. Dem gegenüber steht eine der wenigen größeren Wirtschaften von 9,07 ha / LN mit 10 Rindern und 5 Schweinen. Bei einer Größe von 5,47 ha / LN hielt ein anderer Bauer nur 2 Rinder und 2 Schweine. Neben der eigenen Futterbasis kam es darauf an, zusätzliche Futterquellen zu erschließen. Wie und woher dieses Futter dann stammte, bleibt wohl für immer ein Geheimnis der Bauern. Dem Staat war nur wichtig, dass das Plansoll erfüllt war.

Dazu gehörte der Abschluss von Mastverträgen (siehe Abbildung) mit den einzelnen Wirtschaften. Wie aus mehreren Planabrechnungen der Genossenschaft hervorgeht, war der Viehbestand nicht immer gesichert. 1968 fehlten so z. B. 9 Schweine und 11

Rinder am Jahresende. Das schmälerte letztendlich auch den genossenschaftlichen Gewinn. Einen interessanten Einblick in den Tierbestand gewährt die Viehzählung[103] vom 31. August 1970. Danach waren in 32 Wirtschaften 177 Rinder und 95 Schweine zu füttern. Nur 12 Wirtschaften hatten 7 bis 10 Rinder und 4 bis 7 Schweine im Stall.

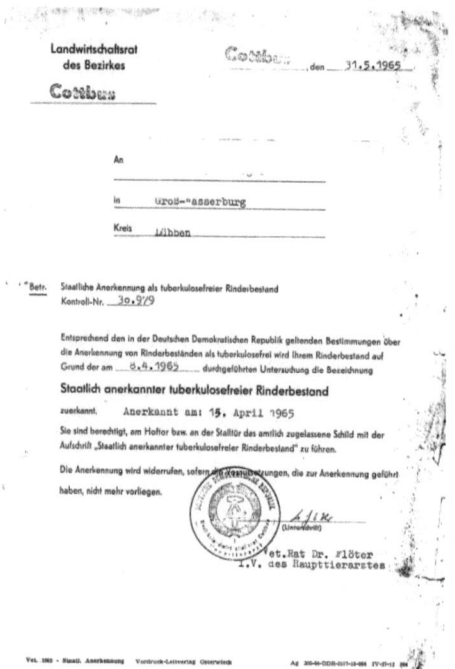

Die Planerfüllung Milch ist lt. dieser Erfassung von 95 Kühen erbracht und die Ferkelproduktion erfolgte in 6 Wirtschaften mit insgesamt 8 Sauen.

Die individuelle Tierhaltung in den alten viel zu kleinen Ställen barg natürlich auch gesundheitliche Risiken. Tierarzt Dr. Linke aus Krausnick hatte alle Hände voll zu tun, um die erforderlichen Impfungen oder Behandlungen von Rind und Schwein durchzuführen. Trotzt der nicht einfachen Zustände waren alle Rinderbestände im Dorf über die Jahre hinweg tuberkulosefrei.

An den Hoftoren war dazu jeweils ein Schild mit dem Text: „Staatlich anerkannter tuberkulosefreier Rinderbestand" angebracht.

Was für eine Erleichterung des täglichen Melkens, als man die ersten kleinen elektrischen Melkanlagen in den Ställen installierte. Der direkte Draht zum LTA (Landtechnischer Anlagenbau) Krausnick als Kooperationspartner des IMPULSA Elsterwerda war dabei sicher von Vorteil. Vor allem für die Bäuerinnen erleichterte sich die Arbeit. Der LTA entstand als Folgebetrieb auf dem ehemaligen Betriebshof der MTS. Gerade für die kleinen Ställe waren die angebotenen Melkanlagen vorteilhaft. Mehrere Wirtschaften in Groß Wasserburg und die LPG rüsteten deshalb ihre Milchviehställe mit diesen Anlagen aus. 1971 kostete die Montage einer kleinen Melkanlage[104] mit Maschinensatz, Melkmaschine, Rohrmaterial und Montagelohn vom Typ Piccolo M66 1.164,40 Mark. Noch vor dem Zusammenschluss mit der LPG Leibsch im Jahre gab es in den Jahren 1970/71 Bestrebungen des Kreises, einen größeren Viehstall innerhalb der Ortslage von Groß Wasserburg zu errichten. Der Stall sollte 200 Rinder, aufnehmen. Als Standort waren Flächen im 'Großen Grund' vorgesehen. In diesem Rahmen war auch der Ausbau einer Stallscheune für 60 Schweinemastplätze angedacht. Laut Volkswirtschaftsplan 1971[105] benötigte die Genossenschaft dafür 10.000 Mark. Ungerechtfertigt hohe Kosten und intensiver Arbeitskräfteeinsatz in den vielen kleinen Ställen waren ja an der Tagesordnung. Dem sollte mit dieser Maßnahme Abhilfe geschaffen und die LPG wirtschaftlich stabilisiert werden. Aber irgendwie war es schon etwas widersinnig, dass kurz vor dem Vollversammlungsbeschluss zum Zusammenschluss mit der LPG Leibsch derartige Maßnahmen überhaupt angedacht oder auf den Weg gebracht werden sollten. Dafür kann es eigentlich nur eine Begründung geben, in den planenden und entscheidenden Ebenen von Partei und Staat war man sich damals über den Weg für eine Entwicklung der kleinen LPGen noch nicht völlig im Klaren. Mit der Absage an Ulbrichts eigenständigen Weg zum Sozialismus in der DDR (NÖSPEL) auf dem VIII. Parteitag der SED war diese Entscheidung dann zugunsten der industriemäßigen landwirtschaftlichen Produktion und der damit verbundenen Konzentration gefallen. Trotzt aller anfänglichen Unwägbarkeiten ein erfolgreicher Weg, der bis in die Gegenwart Bestand hat. Die Wasserburger können eigentlich froh sein, dass es zu keinem Stallbau kam. Sie hätten sonst mitten im Dorf eine Ansammlung von asbesthaltigem Sondermüll und ausreichend verseuchtem Boden gehabt. Das heute bestehende Wohngebiet im Kleinen Grund wär dann undenkbar gewesen und die Eigentümer hätten über nicht verwertbaren Grund und Boden verfügt.

Auch der Einsatz von Düngemittel war und ist eine gängige Form zur Erhöhung von landwirtschaftlichen Erträgen. Er setzte allerdings bereits Mitte des 19. Jahrhunderts ein und war kein Kind des Sozialismus. Neben dem organischen Dünger ist Chemie nicht aus dem landwirtschaftlichen Erzeugerkreislauf wegzudenken. So brachte die LPG "Mühlenspree" im Jahr 1971 folgende Düngermengen aus[106]:

Volldünger	300 dt
Kali	85 dt
Kalkamon	130 dt
Superphosphat	30 dt
Kalk	50 dt

Die einzusetzenden Düngemittelmengen erfolgten auf der Basis regelmäßiger Bodenuntersuchungen durch das Institut für Pflanzenernährung. Obwohl es sich dabei um eine ureigene Aufgabe der LPG handelte, ergingen die Aufforderungen zu deren Durchsetzung an den Rat der Gemeinde – hier ein Auszug aus dem Anschreiben:

Eine Vorstufe für den Prozess zur Schaffung von großen landwirtschaftlichen Produktionseinheiten stellte die Bildung der sogenannten Kooperationsgemeinschaften (KOG) dar. In ihnen schlossen sich mehrere kleine LPGen zusammen, um gemeinsam Technik zu kaufen und zu nutzen. Ein wichtiger Aspekt war dabei die Kostenoptimierung. Unsere LPG war Mitglied in der KOG Leibsch. Neben ihr arbeiteten die Genossenschaften aus Alt Schadow, Hohenbrück, Neu Schadow, Leibsch, Neuendorf am See und Neu Lübbenau mit und bewirtschaftete bereits so bereits im Jahr 1969 gemeinsam 946 ha Ackerland. Diese gemeinsame Bewirtschaftung dokumentierte ein schrittweises Vorgehen im weiteren Konzentrationsprozess der Landwirtschaft. Aus der teilweise hektischen Vorgehensweise der LPG-Gründungszeit hatte man seine Lehren gezogen. In solch größeren Wirtschaftseinheiten waren die angestrebten Vorteile für jedes Genossenschaftsmitglied auch schneller sichtbar. Überzeugung mit recht pragmatischen Methoden, als mit übertriebener Agitation. Letztendlich entwickelte sich die KOG zu einer Kooperativen Abteilungen Pflanzenproduktion (KAP). Eine künftige Trennung in Tier- und Pflanzenproduktion war hier bereits ansatzmäßig erkennbar. Die KAP bewirtschaftete im Jahr 1969 bereits 73 ha im Auftrag der LPG "Mühlenspree". Wie bei vielem gab es natürlich auch hier Reibungsverluste in der Zusammenarbeit. Mehrere Entscheidungen der KAP wurden kritisch hinterfragt. Auch aus Groß Wasserburg gab es kritische Anmerkungen, wie die folgenden Beispiele[107] bzgl. der Getreideernte zeigen.

- So musste sich der Vorstand der Genossenschaft mit der Kritik seiner Mitglieder befassen, dass die Getreideernte auch mit den eigenen Mähdreschern eingebracht worden wäre. Allerdings hätten sie dann '... ein paar Tage mehr gebraucht'.
- Auch an folgender Meinung war ein wirtschaftliches Mitdenken nur schwer erkennbar: „Unsere E175 wären einige Tage länger im Einsatz gewesen, hätten die Arbeit aber ebenfalls bewältigt."

Die neuen Mähdrescher E512 der KAP waren selbstredend effektiver im Einsatz. Man ist fast geneigt anzunehmen, die Groß Wasserburger hatten viel Zeit. Aber Zeit kostet immer auch Geld und Geld hatte ihre LPG jedenfalls nie ausreichend. Natürlich mussten die beteiligten LPGen alle durch die KAP erbrachten Leistungen bezahlen. Hierzu gab es neben der Abrechnung der Leistungsnachweise nach Tag, Zeit, Arbeitsart feststehende Vergütungssätze. In der Folge nur ein paar dieser Preise[108], die dann zu entrichten waren:

Ausleihe Traktor mit Fahrer	11,00 M / Std.
Ausleihe Anhänger mit Aufbauten	3,20 M / Std.
Pflügen	56,00 M / ha
Grubbern	25,00 M / ha
Für die Mahd	50,00 M / ha
Für Wenden und Schwaden	10,00 M / ha
Mais spritzen	11,00 M / ha
Drillen	15,00 M / ha

Trotzdem darf nicht verkannt werden, dass der beginnende Prozess der landwirtschaftlichen Konzentration ein staatlich gelenkter und geförderter war. Für solch kleine Genossenschaften, wie die in Groß Wasserburg, gab es dabei keine Möglichkeit aus diesem Prozess auszuscheren. Es war trotzdem, wie bereits angedeutet, ein recht holpriger Weg, bis auch die LPG "Mühlenspree" in einer wirtschaftlich größeren Genossenschaft aufging. Laut der Jahresendabrechnung von 1971 bewirtschaftete die LPG von den 231 ha Landwirtschaftliche Nutzfläche der Gemarkung allerdings nur 41 ha selbst. 117 ha wurden nach wie vor individuell durch die Genossenschaftsmitglieder beackert. Von diesen 117 ha musste schließlich auch ihr individueller Viehbestand ernährt werden.

Da es im Ort keine größeren genossenschaftlichen Stallanlagen gab, erfolgte die Viehhaltung nach wie vor in den alten kleinen Ställen einzelner Genossenschaftsmitglieder. Die Haltung der genossenschaftlichen Kühe in derartigen Ställen drückte sich selbstredend auch in deren Milchleistung aus. Mit durchschnittlich 1.475 bis 2.000 Liter Milch pro Kuh und Jahr war 1970 im Kooperationsbereich Leibsch kein vorderer

Platz einzunehmen. Trotzt des hohen persönlichen Einsatzes der Viehpflegerinnen blieb die Milchleistung hinter der von privat gehaltenen Kühen deutlich zurück. Mehrere privat gehaltene Kühe hatten bereits im Jahr 1964 eine durchschnittliche Milchleistung von 2.700 Liter. Noch im Jahr der LPG-Auflösung erfolgte die Entlohnung der erbrachten Leistungsstunden nur zu 58 Prozent in Form von Geldzahlungen und die restlichen 42 Prozent sind über Naturalverteilung beglichen worden. Interessant ist in diesem Zusammenhang der Arbeitskräftebesatz der LPG. Von den aufgeführten 55 mitarbeitenden Mitgliedern waren 30 bereits in der KOG und nur noch 13 als sogenannte Vollbeschäftigte Einheiten gleich Arbeitskräfte in der eigenen LPG tätig. Zwölf Mitglieder erbrachten lt. der Jahresendabrechnung überhaupt keine Leistungen mehr für ihre Genossenschaft, obwohl sie in der Statistik immer noch als "mitarbeitend" erfasst werden mussten. Eine derartige statistische Einordnung hatte natürlich auch Konsequenzen auf den Jahresgewinn und schmälerte diesen beträchtlich. Unterm Strich, so konnte es auf die Dauer nicht weiter gehen. Deshalb beschlossen 39 Mitglieder unter Berücksichtigung all dieser Gegebenheiten auf der Vollversammlung am 23. April 1971 einstimmig den Zusammenschluss mit der LPG Leibsch anzustreben und am 11.06.71 wurde der Vorstand[109] beauftragt, entsprechende Verhandlungen mit dem Leibscher Vorstand zu führen.

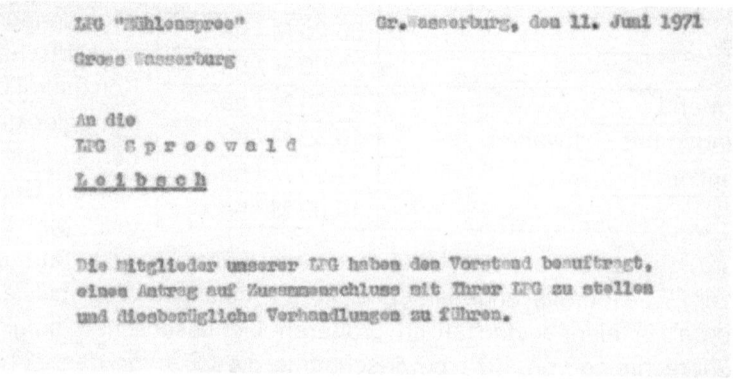

Die Zusammensetzung des neuen Vorstandes hat man auf einer gemeinsamen Vorstandssitzung der beiden Genossenschaften am 01. März 1972 festgelegt. So sollten jeweils 5 Mitglieder[110] aus der Groß Wasserburger und Leibscher LPG paritätisch für den Vorstand kandidieren und zusätzlich ein Groß Wasserburger für die Revisionskommission. Obwohl die LPG Leibsch wirtschaftlich bedeutend stabiler war, ist die Parität ein Zugeständnis an die Mitglieder der LPG „Mühlenspree" gewesen, um den Prozess der Zusammenschließung erfolgreich abschließen zu können. Letztendlich beschlossen dann am 23. April 1972 insgesamt 30 Mitglieder in der letzten Vollversammlung der LPG "Mühlenspree" den Antrag auf Löschung aus dem Genossenschaftsregister [111] zu stellen. Unterschrieben ist dieser Beschluss von der LPG-Vorsitzenden und einem weiteren Mitglied.

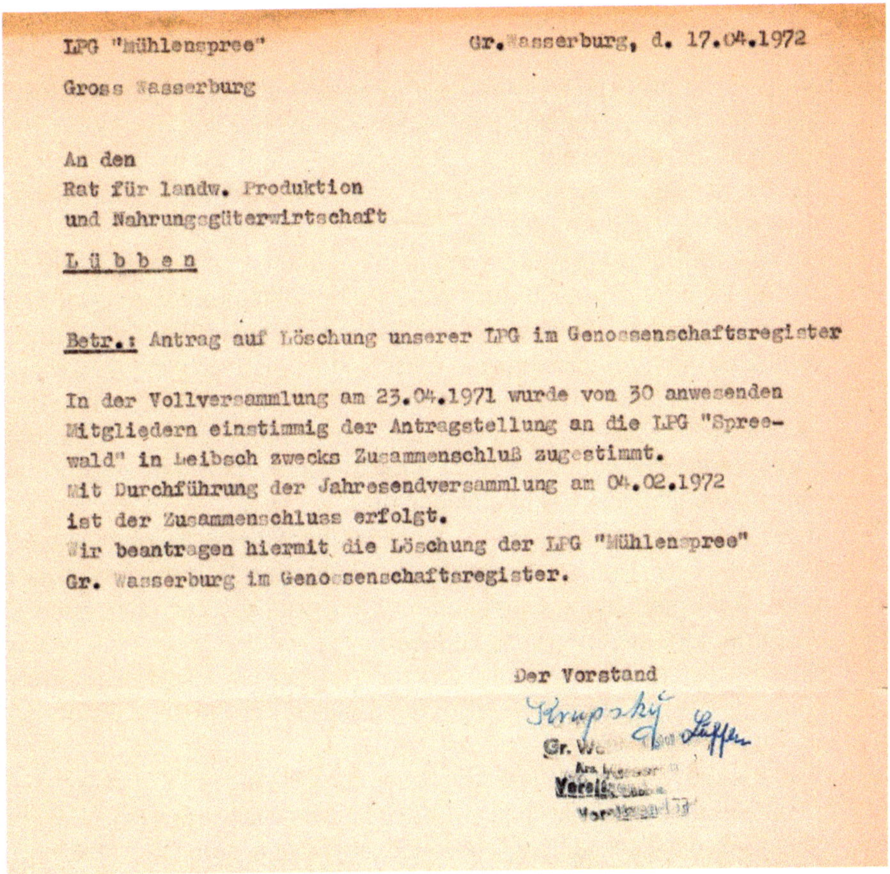

LPG "Mühlenspree"   Gr. Wasserburg, d. 17.04.1972
Gross Wasserburg

An den
Rat für landw. Produktion
und Nahrungsgüterwirtschaft

L ü b b e n

Betr.: Antrag auf Löschung unserer LPG im Genossenschaftsregister

In der Vollversammlung am 23.04.1971 wurde von 30 anwesenden
Mitgliedern einstimmig der Antragstellung an die LPG "Spree-
wald" in Leibsch zwecks Zusammenschluß zugestimmt.
Mit Durchführung der Jahresendversammlung am 04.02.1972
ist der Zusammenschluss erfolgt.
Wir beantragen hiermit die Löschung der LPG "Mühlenspree"
Gr. Wasserburg im Genossenschaftsregister.

                                         Der Vorstand

Im Kreis Lübben gab es eine Genossenschaft mit niedrigem Produktionsniveau weniger. Diesem gestrafft dargestellten Vorgang gingen selbstverständlich lange, teilweise auch sehr emotional geführte Diskussionen voraus. Das größte Problem war dabei die Einsicht seitens der Genossenschaftsmitglieder in die entstandene wirtschaftliche Lage. Die bäuerliche wirtschaftliche Vernunft hatte letztendlich gesiegt.
Die jetzt entstandene größere LPG Leibsch übernahm selbstverständlich alle Beschäftigten der Groß Wasserburger Genossenschaft, und das zu den gleichen Bedin-

gungen, wie sie bisher gegolten hatten. Bei den bereits zur KAP delegierten Arbeitskräften spielte das ja ohnehin keine Rolle. Bei ihnen änderte sich nur der Name des
Arbeitgebers.

Wie stellte sich die Ausgangssituation vor dem Zusammenschluss im Einzelnen dar?
Hier geben Protokolle und handschriftliche Aufzeichnungen von Mitgliedern und Gästen aus den Vollversammlungen und Vorstandssitzungen einen kleinen Einblick:

- Die LPG "Mühlenspree" wurde als eine LPG mit niedrigem Produktionsniveau
  durch den Rat des Kreises Lübben eingestuft. Der Rat des Kreises und RLN[112]
  entsandte eine Arbeitsgruppe mit fünf Mitgliedern zur Unterstützung des LPG-
  Vorstandes. Der gehörten u. a. ein Vertreter des VdgB-Kreisvorstands, ein Mitarbeiter des RLN und ein Abteilungsleiter der Bauernbank an.

- Ein weiterer Eckpunkt war die Frage der Vergütung der Genossenschaftsmitglieder. Eine Vergütung nach der tatsächlichen Marktproduktion oder nach Arbeitseinheiten stand zur Debatte[113], und das auch noch 1970. Es wurde sich für die
  Vergütung nach Arbeitseinheiten entschieden, also nicht die tatsächlichen Erlöse
  aus der Produktion waren maßgebend. Wer als Mitglied keine AE erbrachte,
  drückte damit selbstverständlich auch das Gesamtergebnis. Wenn dann die ge-
  planten erforderlichen Ziele nicht erreicht waren, mussten zwangsläufig Kredite
  oder die berüchtigten Hektarumlagen her.

- In der Vorstandssitzung vom 15. Juni 1971 forderte die Bürgermeisterin, dass von
  jeder Arbeit die Norm bekannt ist und in welcher Zeit die Arbeit geschafft sein
  muss. Bei Unterbietung Guthaben für LPG, wird die Zeit überzogen geht es zu-
  lasten der LPG und sie muss zugeben, also Umlage fällig. Eine positive Einsicht
  für eine Kostenstellenrechnung war bei den meisten Mitgliedern nicht erkennbar.
  Wenn sie diese Forderung stellte, dann neben der Funktion Bürgermeister auch
  als Mitglied der LPG.

- Der jährliche Verdienst[114] der Mitglieder der LPG lag in 1971 zwischen 32,00 und
  3.000,00 Mark. Allein an diesem Fakt wird deutlich, dass eine Entlohnung über
  die Arbeitseinheiten anfänglich verlockender und gerechter aussieht. Trotzdem
  barg diese Abrechnung nicht nur finanzielle, sondern auch soziale Risiken. Der
  Einsatz einzelner Genossenschaftsmitglieder war doch sehr differenziert zu be-
  werten. Natürlich drückt sich in diesen Zahlen auch die vorhandene Überalterung
  des Mitgliederbestandes aus.

- Im Februar 1970 wurde ein Kostensatz von 88 % für 1970 beschlossen[115]. Aus-
  gangspunkt war dabei das erreichte Ist aus 1969, das unabhängig vom wirklich
  Erreichten gleich 100 % gesetzt wurde. Also eine Kostensenkung um 12 % war
  angestrebt. Nach 8 Monaten berichtete die Buchhalterin in der Vorstandssitzung

am 20.10.1970 über einen tatsächlich erreichten Kostensatz von 112 %[116], also wieder Kostensteigerung.

- Per Oktober 1970 ein erreichter Erlös[117] von 88,9 TM, davon aus der Feldwirtschaft 25,7 und der Tierproduktion 30,8 TM. Um wenigstens eine Kostendeckung zu erzielen, waren zusätzlich zu dem diesem Erlös weitere 20 TM aus beiden Produktionsbereichen erforderlich gewesen. An Gewinn war nicht zu denken.

- Die Bürgermeisterin musste im Auftrag der Gemeindevertretung in einem Diskussionsbeitrag vor dem Kreistag Lübben kritisch einschätzen, dass es darauf ankommt, die "... Kostenträgerrechnung durchsetzen ..."[118], und das war, wie sie genau wusste, nur schwer im Dorf durchsetzbar.

- Nicht gezahlte Hektarumlagen oder Rückführungsbeiträge der Mitglieder standen vielfach im Mittelpunkt von Vorstandssitzungen. So sind in der Vorstandssitzung vom 21. März 1970 insgesamt 12 Wirtschaften mit derartigen Zahlungsrückständen benannt worden. Seitens der Bauernbank, dem größten Kreditgeber der LPG, wurde ein strafferes Vorgehen gegenüber den säumigen Zahlern gefordert. Es dauerte allerdings bis Oktober 1970, als endlich Vorstand und Vollversammlung der Ausreichung von Zahlungsbefehlen grünes Licht gaben. Bis dahin waren Forderungen von ca. 8.720 M aufgelaufen. Dazu kamen noch 17 TM nicht beglichene KOG-Forderungen, die mit 5 % verzinst waren. Alles Geld, das die Genossenschaft nicht erwirtschaftet hat bzw. das schlicht und ergreifend fehlte.

- Wenn für 1970 allein 50,9 TM aus der Viehproduktion zu erwirtschaften waren und das Ist dagegen nur 45 TM betrug, sich die Kosten aber auf 104,92 % beliefen wird zunehmende Unrentabilität sichtbar. Erinnert sei dabei nur an die Milchleistung pro Kuh.

- In der Genossenschaft gab es aufgrund der vorhandenen Altersstruktur einen unterschiedlichen Grad an fachlicher Ausbildung. Ein großer Teil der Mitglieder besaß jedenfalls keine landwirtschaftliche Fachausbildung. Die Meisten profitierten vom Wissen, Können und der Erfahrung aus ihrer Zeit als Einzelbauern. Die Bereitschaft, dieses Können auch über eine fachliche Aus- und Weiterbildung zu festigen und den Erfordernissen der Zeit anzupassen, fiel auf wenig Interesse. Bei einem damaligen Altersdurchschnitt von rund 47 Jahren sicherlich verständlich. 1971 erklärten sich jedenfalls nur 5 LPG-Mitglieder für eine Facharbeiterausbildung und 1 Genossenschaftsbäuerin zu einem Meisterlehrgang bereit[119]. Auch hier gaben die Frauen das Schrittmass vor. Wie kritisch diese Seite angesehen wurde, wird daran deutlich, dass auch die damalige Bürgermeisterin persönlich für die Gewinnung von Auszubildenden verantwortlich gemacht wurde und dem Vorsitzenden des Rates des Kreises Lübben persönlich und direkt rechenschaftspflichtig war. Wie schon mehrfach angeführt, auch hier griff die staatliche Verwaltung direkt in die Aufgabenstellung und –erfüllung der Genossenschaft ein.

All diese Faktoren erwecken den Eindruck, dass der Einsatzwille einiger Genossenschaftsmitglieder recht unausgeprägt war. Trotzdem, viele Leistungsabrechnungen lassen aber auch ein sehr großes Engagement erkennen. Hervorzuheben sind dabei immer wieder die Frauen und ihre harte Arbeit wie hier bei der Kartoffelernte.

Ohne sie wär die LPG "Mühlenspree" schon viel früher in arge Schwierigkeiten gekommen. Denn sie waren es unter dem Strich, die z. B. einen per 30. November 1970 bestehenden örtlichen Viehbestand von 182 Rindern und 124 Schweinen versorgten und dabei auch noch 23.5942 Liter Milch zur Ablieferung brachten. Die Ergebnisse lagen in allen drei Positionen zwar über den Zielstellungen des Volkswirtschaftsplanes, aber der war ja auch nur als Mindestvorgabe zu verstehen. In einem Artikel der Lausitzer Rundschau vom 24. September 1971 mit der Überschrift "Auf die Wasserburger Frauen kann man sich verlassen" wird ihr Leistungswille jedenfalls gewürdigt, wenn es da heißt: "Unsere Frauen drillen, mähen, ernten. Wenn wir sie nicht hätten ..." Ein weiteres Zeichen für das Engagement der Frauen von Groß Wasserburg drückt sich letztendlich darin aus, dass eine Frau als LPG-Vorsitzende gewählt wurde. Übrigens war sie zur damaligen Zeit die einzige Frau unter allen LPG-Vorsitzenden des Kreises Lübben.

In den letzten Jahren des Bestehens der LPG erhöhte sich der genossenschaftliche Anteil an der Tierproduktion. Allein im ersten Halbjahr 1970 waren 11.612 kg Milch in der LPG erzeugt worden. Die genossenschaftliche Haltung von 13 Rindern erfolgte in den Ställen der LPG auf den Grundstücken Büttner, Dammer/Fink und Leitert. Eine eigene Schweineaufzucht gab es nicht. Die benötigten Läufer wurden von der Läuferaufzucht Gröditsch gekauft. Auch die Schweine waren in den erwähnten Stallanlagen untergebracht. Interessant ist dabei, es werden hierbei noch die alten Hofnamen und nicht die regulären Grundstücksnummern benutzt. Wen interessierten schon Hausnummern, denn so wusste jeder im Dorf Bescheid.

Wie sah es nun im letzten Jahr des Bestehens der LPG "Mühlenspree" aus? Die Jahresendabrechnung für 1971 gibt über folgende wichtige Produktionsbereiche[120] Auskunft:

- Gesamtertrag an Getreide 870 dt und bei Kartoffeln 1.407 dt. Auf den Hektar berechnet bedeutete dieses Ergebnis 6,7 dt Getreide und 9 dt Kartoffeln - eine dt/Dezitonne waren 100 kg.
- Landwirtschaftlicher Bruttoumsatz an Schlacht-, Zucht- und Nutzvieh von 108 dt und einer Milchleistung mit 3,5 % Fettgehalt von 288 dt. Die Berechnung ergab für Schlacht-, Zucht- und Nutzvieh 94,7 kg/ha LN und für Milch 2.400 kg/ha LN.
- 13 der in der LPG tätigen Arbeitskräfte leisteten 26.801 Arbeitsstunden.
- Geldvergütung der LPG-Mitglieder von 39,6 TM und eine Naturalverteilung in Höhe von 28.800 TM
- Erlöse Pflanzenproduktion 82.400 M und durch die Tierproduktion 71.232 M

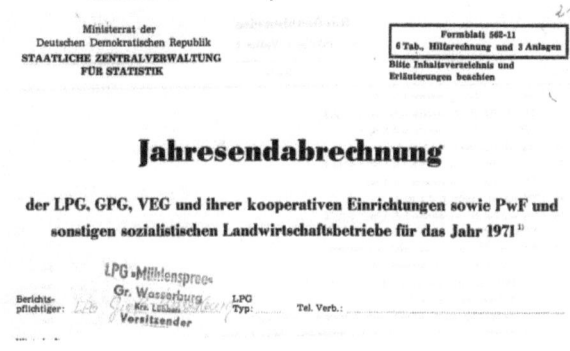

Es war eine wirtschaftlich sehr angespannte Lage entstanden und trotzdem hielten vor allem die Frauen das Rad innerhalb der Genossenschaft am Drehen. Als ein weiter Beleg für deren Einsatzbereitschaft sollen ihre Anstrengungen in der Viehhaltung genannt werden. Was es bedeutet, in den total veralteten Ställen Rinder und Schweine gesund zu ernähren und zu halten ist unter heutigen Gesichtspunkten nur schwer vorstellbar. Wenn dann dieser hohe Einsatz anerkannt wurde, dann war das Dank und Anerkennung gegenüber den Frauen. Ergebnisse bei der Senkung von Tierverlusten war der Staatlichen Versicherung der DDR sogar 1969 eine Prämierung der LPG Groß Wasserburg wert.

Letztendlich trugen geringe oder keine Tierverluste wesentlich zur Sicherung der Produktionskennzahlen bei. Darauf konnten und können diese Frauen stolz zurückblicken.

Aufgrund der entstandenen Situation in der LPG „Mühlenspree" kam es dann zu dem Zusammenschluss mit Leibsch. Der Zusammenschluss beider Genossenschaften vollzog allerdings, wie bereits geschildert, recht schnell und unspektakulär. Neben den rein produktionsbedingten Abläufen waren die Finanzen, Geräte und Maschinen zu übergeben. Eine der letzten Tätigkeiten im Rahmen der Genossenschaftsauflösung war dabei die Finanzübergabe[121] durch die Buchhalterin der LPG "Mühlenspree", Frau Hildegard Witzsch, an die Buchhaltung der LPG "Spreewald" Leibsch vom 16.03.1972. Wie man sieht, geschah dies bereits vor der offiziellen Löschung aus dem Genossenschaftsregister.

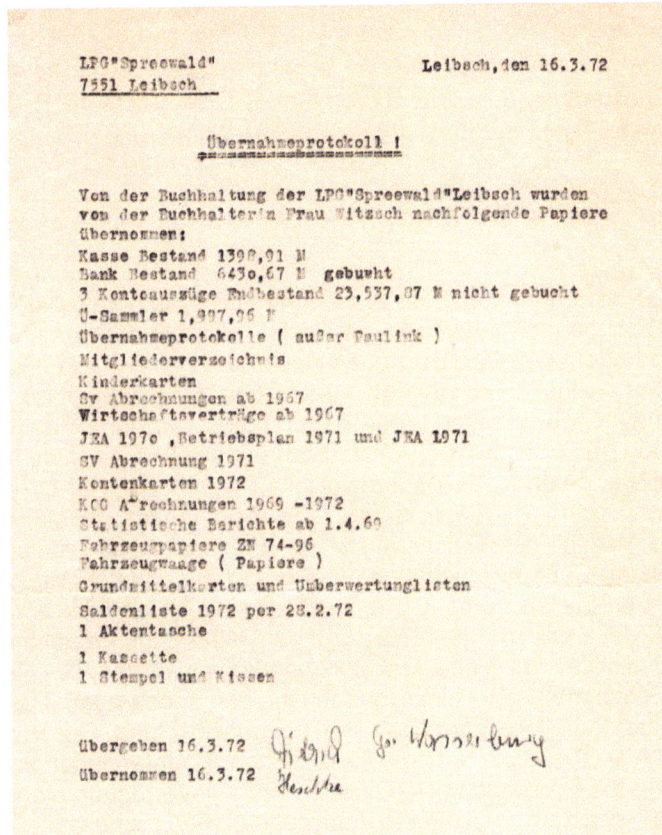

Die Übernahme der restlichen Inventargegenstände erfolgte durch den damaligen Vorsitzenden der LPG Leibsch, Herrn Günter Kaatsch.

Nur mit dem Zusammenschluss mehrerer kleiner LPGen zu größeren Einheiten und der damit erforderlichen engeren Zusammenarbeit in einer Kooperativen Abteilung (KAP) war der Prozess der Konzentration der Landwirtschaft rund um den Unterspreewald noch nicht abgeschlossen. In der Folge kam es zu Spezialisierungen in LPG Pflanzen- bzw. Tierproduktion. Eine Trennung landwirtschaftlicher Produktionskreisläufe war die Folge. Im Unterspreewald gab es somit Ende dieser Umstrukturierungsphase eine dominierende LPG-Pflanzenproduktion in Dürrenhofe und die drei LPG Tierproduktion in Neu Lübbenau, Leibsch und Schlepzig. Auch mehrere Frauen und Männer aus Groß Wasserburg sind dann als Mitglied von diesen Genossenschaften übernommen worden. Harry Mosig, der Vorsitzende der LPG (P) Dürrenhofe, gab für 1982 an, dass nur noch 14 Genossenschaftsbauern aus Groß Wasserburg in seiner LPG tätig sind.

Ab Mitte der 80er Jahre gab es wieder Bestrebungen diese Spezialisierung rückgängig zu machen. Es hatte sich gezeigt, dass durch eine zu starke Spezialisierung die Differenziertheit zwischen den Genossenschaften zunahm. Vielfach blieben die LPG (T) wirtschaftlich hinter den LPG (P) zurück. Der Produktionskreislauf sollte wieder in einer LPG hergestellt werden. Eine RLN-Tagung in Schlepzig im Sommer 1989 regte dazu die Diskussion an. Zu weiteren Schritten kam es dann jedoch nicht, denn mit der Wende 1989 begann auch im Unterspreewald der Prozess der 'Abwicklung' gleich Auflösung bzw. Neustrukturierung von Genossenschaften gemäß der übernommenen bundesdeutschen Gesetzlichkeit. Ein damit erhoffter Run in die bäuerliche Selbstständigkeit blieb allerdings aus. Das Bauerntum in Groß Wasserburg war ausgelebt und Vergangenheit. Es lebt nur noch in persönlichen Erinnerungen weiter.

DIE HAUSHALTSBÜCHER EINER BÄUERIN

Bisher wurde das Leben der Bewohner von Groß Wasserburg im gesamtgesellschaftlichen Kontext und ihren Beziehungen innerhalb des Dorfes betrachtet. Wie sah es aber konkret auf einen Bauernhof aus? Darüber geben Haushaltsbücher Auskunft. Es ist schon etwas Besonderes, wenn durch derartig persönliche Aufzeichnungen ein Einblick in das Leben eines Groß Wasserburger Bauernhofes gewährt wird. Die Haushaltsbücher wurden von 1957 bis 1971 chronologisch mit allen Einnahmen und Ausgaben der Haushaltskasse geführt. Als Bauernwirtschaft wurde der Hof bis zur LPG-Gründung privatrechtlich geführt. Sie trug mit rund 7 ha landwirtschaftlicher Nutzfläche den wesentlichen Anteil des Gelderwerbes der Familie. Somit repräsentiert dieser Hof die Mehrheit der Bauernwirtschaften des Dorfes. Denn fast 85 Prozent der Bauernhöfe waren nicht größer als 10 ha. Obwohl es während dieser Zeit DM der DDR, Mark der Notenbank der DDR und Mark der DDR als Währungsbezeichnung gab, ist wegen der Übersichtlichkeit nur einheitlich Mark verwendet worden. Der Bauer, sprich Eigentümer der Wirtschaft, ging einer lohnabhängigen Arbeit nach. Heute würde es heißen, dass er die bäuerliche Wirtschaft im Nebenerwerb führt. Der Bäuerin oblag die Hauptlast der Arbeit im Stall, auf dem Feld, bei der Kindererziehung und Haushaltsführung. Sie führte die Haushaltsbücher. Mit den ihr zur Verfügung stehenden Geldmitteln musste sie sparsam und effektiv haushalten. Hierin sind auch die Ursachen für die Führung eines Haushaltsbuches zu sehen. Schlussendlich wollte sie ja wissen, wo das viele hart erarbeitete Geld geblieben ist. Auf diesem Bauernhof lebten drei Generationen. Anhand der beengten Wohnraumsituation und den unterschiedlichen generationsbedingten Lebensauffassungen konnte fast alles und jedes nur im gegenseitigen Einvernehmen gemeistert werden. Zu Beginn der Haushaltsbuchführung lebten sechs Personen plus die Altbäuerin auf dem Hof. Noch mal auf den Bauern verwiesen, dass er außerhalb der eigenen Wirtschaft arbeitete, war auf Groß Wasserburg bezogen typisch. Erst 1960 trat der Bauer der LPG bei. Somit gestatten die Haushaltsbücher von 1957 bis 1960 einen Einblick in das Hofleben mit seinem hohen Grad an Selbstversorgung. Das betraf nicht nur das Hausschlachten von Schwein und Kalb, sondern auch den Bauerngarten mit seiner Vielfalt an Obst und Gemüse. Erst mit der LPG-Gründung setzte eine schrittweise Veränderung der

Sozialstruktur im Ort ein, das wird auch in den Haushaltsbüchern deutlich. Entgegen der landläufigen Meinung, dass der Bauer das Sagen auf dem Hof hat, wird über die Aufzeichnungen deutlich, die Bäuerin hatte das Sagen. Nach außen wurde selbstverständlich an der überbrachten patriarchalischen Familienstruktur festgehalten. Hier sind auch Auswirkungen aus Kriegszeiten erkennbar. Schon damals trugen die Frauen die Hauptlast der Arbeit auf ihren Höfen. Im Gegensatz zu anderen Teilen Deutschlands haben sich die Frauen in unserer Region diese errungene hohe familiäre und gesellschaftliche Wertschätzung nicht mehr streitig machen lassen. Auch in dieser bäuerlichen Familie war das so.

Haushaltsbücher, was sagen sie dem Betrachter? Zuvorderst geben sie eine klare Aussage zum Konsumverhalten wieder, das sich hauptsächlich über das zur Verfügung stehende Einkommen definieren lässt. Also, wie viel finanzielle Mittel stehen in einem bestimmten Zeitraum zur Verfügung? Für die Jahre 1957 bis 1960 stellen sich die verfügbaren finanziellen Mittel der Haushaltskasse wie folgt dar:

	Einnahme in Mark	Ausgaben in Mark
1957	4.810,59	4.236,25
1958	11.624,15	9.907,13
1959	11.759,24	9.148,20
1960	19.685,77	16.624,36

Das war alles Bargeld. Der sprunghafte Anstieg der Geldbewegung in der Haushaltskasse des Jahres 1960 ist auf erhöhte Ausgaben bei Möbelkauf, Kauf technischer Geräte, Handwerkerleistungen sowie einige nicht konkret benannte Ausgaben zurückzuführen. Nicht konkret zuzuordnende Ausgaben waren pauschale Angaben, wie KONSUM oder EINKAUF. Besonders Ausgaben im KONSUM dürfte viele Positionen an Lebensmitteln beinhaltet haben. Diese Annahme wird bestätigt, wenn Quittungen gesplittet erfasst wurden. Dann fallen sofort Produkte wie Mehl, Zucker, Heringe, Konserven, Backzutaten und Süßigkeiten ins Auge. Werden die Ausgaben um die o. g. Positionen bereinigt, dann Pegeln sie sich auch für 1960 in das Niveau der Vorjahre ein. Zu beachten in diesem Jahr, dass der Großteil des Geldes vom Konto bei der Sparkasse in Märkisch Buchholz abgebucht wurde. Geldzufluss in Bar erfolgte nur über die Lohntüte des Bauern. Weiterhin galt die Devise „Nur Bares ist Wahres", will heißen, dass fast alle Zahlungen in bar erfolgten. Ob nun Möbel, Bekleidung oder Lebensmittel spielte dabei keine Rolle und entsprach den Erfahrungen und Bedürfnissen der Menschen. Noch zwei Anmerkungen zu den erhöhten Ausgaben in 1960. Einerseits war bei der Bevölkerung auf dem Land ein deutlich gestiegenes Lebensniveau zu verzeichnen. Schließlich lebte man ja nicht mehr hinter dem Mond und konnte sich jetzt auch einen Fernseher leisten. Andererseits herrschten doch teilweise noch sehr nebulöse Vorstellungen zur Kollektivierung, sprich LPG-Gründung, vor. Also, was nicht mehr an Geld vorhanden ist, das konnte auch nicht kollektiviert werden.

In der Auswertungsperiode bis 1960 war festzustellen, dass jährlich die Ausgaben für Lebensmittel mit durchschnittlich 21 Prozent immer den größten Posten ausmachten. Mit einem sehr deutlichen Abstand folgte dann der Kauf von Bekleidung mit 6,9 Prozent und für Zahlungen an die Altbäuerin mit 5,99 Prozent. Die Positionen Lebensmittel und Bekleidung spiegeln auch die vorhandene Familienstruktur wieder. Auch Ernährungsgewohnheiten werden über die Rubrik Lebensmittel erkennbar. Trotzt des noch hohen Grades an Selbstversorgung waren die Ausgaben für Fleisch- und Wurstwaren bei Nahrungsmitteln der bestimmende Kostenfaktor. Hinsichtlich der Zahlungen an die Altbäuerin ist kein fixer monatlicher Betrag auszumachen. Er setzte sich überwiegend aus den Anteilen am Eiergeld, dem Verkauf von Schlachtvieh und dem Milchgeld zusammen. Ein Betrag von 4.202 M war innerhalb von 5 Jahren als Anteil der Altbäuerin an den Hofeinnahmen über die Haushaltskasse zu zahlen. Speise und Trank, Kohlen und Holz sowie Elektroenergie trug der Hoferbe gleichfalls für sie als eine kostenlose Leistung. Ob diese Anteile vertraglich bei der Übergabe der Wirtschaft an den Sohn vereinbart waren, ist den Haushaltsbüchern nicht zu entnehmen. Aber die vielen Gespräche des Verfassers mit mehreren Altbauern des Ortes lassen eine derartige Annahme zu. Denn bis zum Ableben der Altbäuerin erfolgten solche Zahlungen regelmäßig. Wobei es zu bedenken gibt, dass ein Teil der Einnahmen der Altbäuerin z. B. in Form von Geschenken an die Enkelkinder indirekt in den Familienhaushalt zurückflossen. Zumal derartige Geschenke damals zwar auch Spielzeug aber überwiegend auf solch praktische Dinge wie Bekleidung oder die Aussteuer gerichtet waren. Saubere und praktische Bekleidung waren der Hausfrau wichtig. Nur bei KONSUM oder HO zu kaufen konnte sie sich nicht immer leisten. Erstens wegen des geringeren Angebotes und zweitens der Preise wegen. So kam Meterware an Kleider- bzw. Schürzenstoff auf die Nähmaschine. In einschlägigen Zeitschriften wie der PRAMO fand die Hausfrau praktikable Schnittmusterbogen.

Direkte Ausgaben für die bäuerliche Wirtschaft wie Futter, Besamungs- und Deckgeld, Tierarzt und landwirtschaftliche Geräte schlagen dann mit weiteren 6,85 Prozent zu Buche. Der Bargeldeinsatz bei der Begleichung von Rechnungen der MTS und BHG ist gering. Beide Rechnungssteller haben notwendige Leistungen für die Wirtschaft erbracht. Hier erfolgte überwiegend eine Verrechnung im Lastschriftverfahren, zumal die Erlöse für den Schlachtvieh- und Milchverkauf auf das Betriebskonto der Bauernwirtschaft bei der BHG eingingen. Trotzdem gibt die Aufstellung für den Mähdrusch in 1959/60[122] einen kleinen Einblick in die wenigen Barzahlungen an die MTS.

RE-Nr.	Fruchtart	LFN/ha	Std.	Std.-Satz/DM	Leistung/dz	Leistung/dz. in DM	RE-Be-trag/DM
VI 1282	Roggen	2	2	3,20	2	0,15	6,70
VI 1290	Roggen	2	2	3,20	2	0,15	6,70
V 1300	Weizen	2	2	3,20	3	0,15	6,85
VIII 13222	Roggen		4	3,00	12	0,15	13,80

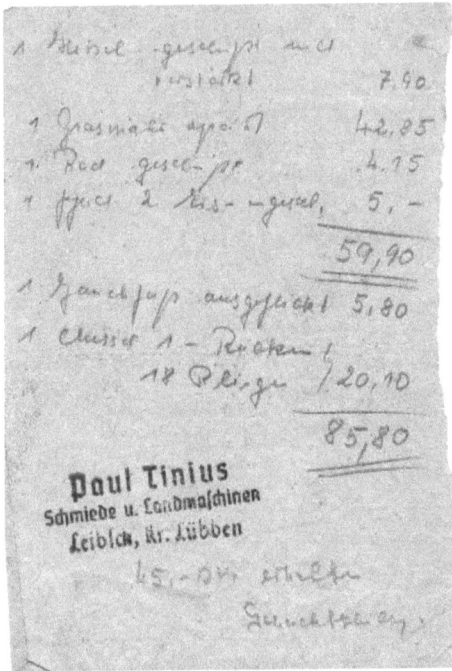

Auch die meisten Ausgaben unter der Position Handwerkerleistung beinhalten landwirtschaftlichen Bedarf wie Hufbeschlag, Schweißarbeiten oder Reparatur landwirtschaftlicher Geräte. Siehe nebenstehende Quittung.

Wie bereits vorher erwähnt, war im Jahr 1960 der Anteil an Handwerkerrechnungen im Zusammenhang mit der Anschaffung von technischen Geräten sehr hoch. In der Folge ein Beispiel dazu:

1960 kostete ein Fernsehapparat „RADUGA", sowjetischer Import, 1.436,00 M und die dazu erforderliche Errichtung eines Antennenmastes, der Antennenmontage, der Verlegung von TV-Leitungen und den ersten Reparaturen[123] 337,35 M. Zum Glück benötigte man keine riesigen Gittermaste, wie in Sachsen um West-Fernsehen zu empfangen.

Für den Haus- und Hofbedarf ist weiterhin angeschafft worden:

- eine elektrische Nähmaschine Typ „VERITAS" kostete 440,00 M[124] oder
- die Kreissäge schlug mit 471,00 M zu Buche.

Das waren für damalige Verhältnisse enorm große Beträge. Beides gehörte aber zeitbedingt auf jeden Bauernhof.

Selbstverständlich gab es Taschengeld für den Bauern und das wurde auch als Solches extra ausgewiesen. In diesen vier Jahren betrug das monatliche Taschengeld im Durchschnitt 38,00 M. Gespräche mit der Haushaltsbuchführerin ergaben, dass dieser Betrag hauptsächlich für Zigaretten, eine Schachtel mit 20 Stück filterlosen TURF kostete 2,00 M, und meist noch ein paar Bier in Müllers Gaststätte ausgegeben wurden. In späteren Jahren waren Zigaretten mitunter Bestandteil des wöchentlichen Einkaufes, zumindest für das Wochenende, dann aber mit einer Schachtel F6, 20 Filterzigaretten zu 3,20 M die Packung. Ein weiterer interessanter Kostenpunkt entstand durch Ausgaben für den örtlichen Kindergarten und die Schule. Das Mittagessen in der Schulspeisung (1957 mit 2,40 M, 1959 mit 3,00 M, 1960 mit 6,00 M hier allerdings für 2 Kinder) und dem Kindergarten (1957 mit 1,50 M, 1959 mit 1,75 M) für eine Woche mit 6 Arbeitstagen war sicherlich keine allzu große Belastung des Budgets. Weiterer Ausgaben entstanden in diesem Zusammenhang beim Kauf von Schulheften, Zeichengeräten und Heftumschlägen. Aber auch das lag immer nur im Pfennigbereich.

Kosten für Leistungen zur Tierhaltung und Feldarbeit waren über Jahre relativ konstant und konnten so besser vorausschauend bedacht werden. 1957 zahlte die Bäuerin für die Kastration eines Schafes 3,00 M, die TBC-Schutzimpfung von 4 Rindern kostete sie 1958 glatte 21,00 M.

In der Folge werden einige ausgewählte Preise[125] dieser Jahre aufgelistet:

Bezeichnung	1957 Preis/M	1958 Preis/M	1959 Preis/M	1960 Preis/M
Fleischbeschauer	4,80			3,00
Deckgeld pro Sau	10,00	10,00	10,00	10,00
Besamung pro Kuh		15,00	15,00	15,00
Briefporto	0,20	0,20	0,20	0,20
Holzpantoffel	3,50	3,50	3,50	
Braunbier 10 Liter	4,00	4,00	4,00	4,00
Schornsteinfeger	5,05	5,05	5,05	5,05
Rundfunkgebühr monatlich	2,05	2,05		
1 Brot	1,56	1,56	1,56	1,56
Dauerwelle		11,60		11,60

In der Schmiede von Leibsch wurden einem Pferd alle 4 Hufe für 14,00 DM[126] beschlagen. Unterm Strich, alles Preise die bezahlbar waren. Demgegenüber gab es bestimmte Artikel, die nicht oder nur wenig gestützt wurden. So kostete eine Männerjoppe 1957 glatte 166,00 M, eine einfache Kittelschürze je nach Größe zwischen 20 und 25 M, für eine Damenstrickjacke mussten 78 M im Jahr 1960[127] auf den Ladentisch gelegt werden. Zieht man dagegen den Monatslohn des Bauern mit 169,24 M[128] in Betracht wird deutlich, dass für derartige Bedürfnisse schon eine Zeit gespart werden musste. Allerdings steuerte er damit nur einen kleinen Teil zum Familieneinkommen bei. Kinderbekleidung war demgegenüber wieder stark im Preis gestützt. Interessant ist auch die Beantwortung der Frage nach den Einkaufsmöglichkeiten und dem Einkaufsverhalten. Der tägliche Bedarf wurde im Ort beim Fleischer und Bäcker, beide als private Handwerker, abgedeckt. Die Bäckerei Boge war dabei ein richtiger kleiner Tante-Emma-Laden. Neben Backwaren kamen Dinge des täglichen Bedarfs auf den Ladentisch. Das Foto zeigt einen Teil des ehemaligen Verkaufsraumes[129].

Andere Dinge konnten in Neu Lübbenau bei der Bäuerliche Handelsgesellschaft und dem KONSUM, in Märkisch Buchholz bei ZWINGENBERGER, der BHG, dem Bekleidungshaus auf dem Markt, der Fleischerei LINDNER und in einem HO-Geschäft für Haushaltswaren aller Art gekauft werden. Dieser HO-Laden befand sich bis zu seiner Abwicklung nach der Wende in den ehemaligen Gasträumen des enteigneten Hotels „ZUM SCHWARZEN ADLER". Um diese Einkäufe zu tätigen, spielte die Mobilität der Bewohner eine entscheidende Rolle. Autos waren Luxus und im Dorf an einer Hand abzählbar. Auf jeden Hof war dagegen mindestens ein Moped vorhanden. Mit einem einsitzigen Moped SR1 oder 2, einem einsitzigen Kleinroller KR50, dem Vorgänger der späteren Schwalbe waren die Einkäufe immerhin besser zu absolvieren als mit dem Fahrrad. Trotzdem, zu beachten ist dabei, dass die Einkäufe nach Möglichkeit den erforderlichen Bedarf für einen bestimmten Zeitraum, in der Regel für ein bis zwei

Wochen, abdecken mussten. Anfangs war es meist ein SR1 aus Suhl, mit dem die Bäuerin ihre Einkäufe tätigte. Wie auf dem Titelbild einer DDR-Zeitschrift abgebildet.

Die Suche nach vergleichbaren Angeboten oder Alternativen war fast ausgeschlossen. Zu Zufallskäufen kam es dagegen immer dann, wenn es etwas gab, das schon lange auf der Wunschliste stand aber nur als sogenannte „Bück-Dich-Ware" unter dem Ladentisch hervorgeholt wurde. Der Erwerb des sowjetischen Fernsehers war ein Beispiel dafür. Entweder kaufen oder man hatte keinen. Also wurde er angeschafft.

Wie bereits betont, es musste auch sparsam mit dem zur Verfügung stehenden Geld umgegangen werden. In dem Zeitraum von August 1957 bis Dezember 1960 konnte die Bäuerin trotzdem einen Teil sparen und auf ihr Sparkassenkonto in Märkisch Buchholz einzahlen. Dieses eingesparte Geld schuf die Möglichkeit zur Überbrückung finanzieller Engpässe, die es selbstverständlich auch gab. Es ging schließlich immer darum, dass keine Schulden gemacht werden. Für diese Generation waren und sind Schulden eine Horrorvorstellung. Selbst ganz normale Kredite stießen vielfach schon auf Ablehnung.

Im Weiteren wird durch die Haushaltsbücher für den Zeitraum vom LPG-Beitritt, über den Mauerbau 1961 bis hin zur Auflösung der Genossenschaft ein sich stetig änderndes Konsumverhalten erkennbar. Das spiegelt sich sowohl in den Einnahmen wie auch Ausgaben wieder. Die bäuerliche Wirtschaft erwirtschaftete selbst unter den geänderten Produktionsverhältnissen einen hohen Anteil des Geldbudgets der Familie. Veränderungen im Leben der kleinen Bauernfamilie brachte selbstverständlich auch der forcierte Ausbau der Energie- und Kohlegewinnung am Rande des Spreewaldes mit sich. Eine sich abzeichnende Industrialisierung der Landwirtschaft, über die KOG und KAP führte letztendlich, wie bereits dargestellt zur Auflösung der kleinen LPGen und damit zu einem dauerhaften Strukturwandel in den ländlichen Gebieten. Diese Veränderungen schlagen sich natürlich in den Geldbewegungen der Haushaltskasse nieder. Selbst die verringerte Anzahl der auf dem Hof lebenden Personen, drei im Jahr 1970, drückt sich über die Ausgaben aus. Grundsätzlich kann festgestellt werden, dass die Haushaltsbücher trotz der geschilderten Veränderungen eine stetige Verbesserung der finanziellen Verhältnisse der Bauerwirtschaft widerspiegelt. Durch die Hände der Bäuerin flossen in den letzten 10 Jahren rund 170.000 Mark an Bargeld[130]. Davon sparte sie im Durchschnitt 2.900 Mark pro Jahr. Heute mag ein solcher Kassenbetrag zu Irritationen und Fehlinterpretationen führen und die Frage nach dem Gesamtverdienst der Wirtschaft aufkommen lassen. Damals gab es jedoch noch keine EC-Karte und fast Alles und Jedes musste ja in bar bezahlt werden. Heute genügt die Plastekarte und schon ist man sein gutes hart verdientes Geld los. Zumal auch E-Stromabrechnungen, jährlich 200,00 M, die Rundfunk-/Fernsehgebühr, mit monatlichen 10,05 M oder fällige Steuern und Versicherungen mit jährlich 247,50 M nur über die Haushaltskasse in bar bezahlt wurden. Unter diesen Gesichtspunkten relativieren sich dann schon die 170.000 Mark.

Wasser- und Abwasserkosten entfielen für den Hof generell. Es gab keine zentrale Wasserversorgung und Abwasserentsorgung im Dorf. Wasser wurde aus dem eigenen Brunnen entnommen, das Abwasser floss mit in die Jauchengrube oder eine einfache Sickergrube.

Wenn die Ernährung der Familie bis 1960 weitestgehend von dem in der eigenen Wirtschaft Erzeugten bestritten wurde, änderte sich das im folgenden Jahrzehnt deutlich. Die Eier, das gelegentlich geschlachtete Huhn oder die Milch aus der eigenen Wirtschaft entlasteten die Lebensmittelkosten dann nicht mehr spürbar. Ab dem Jahr 1963 ist daher auch ein Anstieg der Kosten für Lebensmittel erkennbar. Weniger vom Preis her als von der erforderlichen Menge. In Zahlen ausgedrückt, 1964 waren es nur 3.920 M, in 1970 bereits 6.444 M, das waren immerhin 27,6 Prozent der Ausgaben. Wie geschildert, trotz der geringer gewordenen Personenzahl auf dem Hof und der subventionierten Lebensmittelpreise. Das lässt nur den Schluss zu, dass der Lebensmittelbedarf zunehmend über den örtlichen Fleischer und Bäcker oder späteren Dorf-KONSUM abgedeckt war. Vor allem die höheren Beträge für Einkäufe beim Fleischer und im KONSUM sind ein Beleg dafür. Einkäufe in Neu Lübbenau, Märkisch Buchholz oder Schlepzig nahmen in diesem Zeitraum stark zu und schlugen schnell einmal mit 50 bis 70 Mark zu Buche. Auch hierbei dominierten Lebensmittel. Die bäuerliche Eigenversorgung war also Geschichte.

Die Verbesserung der Lebensverhältnisse drückte sich auch in gewachsenen Ansprüchen an neuem Mobiliar oder Haushaltsgeräten aus. Das meiste wurde damals im Halber KONSUM-Landwarenhaus gekauft. Belege in der Haushaltskasse für erworbene Sessel, Staubsauger oder ein Fahrrad belegen das. Allein für 1966 betru-

gen die Ausgaben für Möbel 2.978 M. Der KONSUM stellte im ländlichen Raum die wichtigste Kaufmöglichkeit der Bauern dar. Hier kaufte man ein, war Mitglied und klebte Umsatzmarken. Am Jahresende fiel dann ein kleiner Betrag an. Wenn man so will, eine Art Dividende auf die Mitgliedschaft.

Versandwarenhäuser gab es zur damaligen Zeit in der DDR jedenfalls auch noch. Die Bäuerin konnte besonders in den Wintermonaten bei einer Tasse Kaffee einen Blick auf modische Bekleidung, Haushaltsbedarf, Spielzeug u. a. werfen. Das KONSUMENT-Versandhaus in Karl-Marx-Stadt oder das CENTRAL-Versandhaus in Leipzig bedienten die Haushalte regelmäßig mit Katalogen. Besonders in der Vorweihnachtszeit kamen dann viele Geschenke mit der Postfrau Elli Fischer ins Haus. Regelmäßige Einkäufe bei den beiden Versandhäu-

sern waren aber auch übers Jahr angesagt. Gardinen, Kittelschürzen, Geschirr, Besteck oder passende Geschenke für die Kinder und Patenkinder waren dann meist angesagt. Die Ausgabebeträge für Bekleidung betrugen dann schon einmal pro Jahr rund 880 Mark. Wie betont, eine hohe Preisstabilität war vor allem durch staatliche Preisbindungen und Subventionierung garantiert. Das brachte aber auch Nachteile mit sich. Besonders im ländlichen Raum führte Subventionierung von Lebensmitteln dazu, dass z. B. Brot vom Bäcker günstiger war als das Aufzuchtfutter für Küken oder Gössel bei der BHG. Den Bäckermeistern Boge in Groß Wasserburg oder Draßdo in Schlepzig konnte das nur recht sein. Ein weiterer Aspekt von Subventionen, oder sollte man Sozialpolitik sagen, war der sehr geringe Kostenanteil an Medizin- und Arztausgaben. Ein paar Spalttabletten oder Hustensäfte machten jährlich etwas mehr als 20 Mark aus. Ärztliche Behandlungen, Krankenhausaufenthalte, Zahnersatz, verordnete Medikamente waren ja in der sogenannten „zweiten Lohntüte" enthalten und generell kostenfrei, auch für die Bauern. Dafür zahlten sie 60 M SV-Beitrag im Monat.

War es in den Anfangsjahren des LPG-Wirtschaftens noch selbstverständlich, dass die Kinder bzw. Schwiegersöhne und -töchter in der Wirtschaft für Speis und Trank halfen, so änderte sich das ab 1965. Umsonst wollte keiner mehr arbeiten, auch nicht nach Feierabend. Die Vergütung erfolgte nach Stunden und der Lohn lag je nach Tätigkeit zwischen 2 und 5 Mark pro Stunde. Auch das muss beachtet werden, die Arbeit auf Hof und Feld war unter den Bedingungen einer LPG Typ I nicht ohne die Hilfe von Familienangehörigen zu bewältigen. Durch die Bäuerin erfolgte neben der Angabe des ausgezahlten Gesamtbetrags vielfach auch eine gesonderte personenbezogene Abrechnung, gestaffelt nach den Tätigkeiten wie Heu machen, Kartoffeln legen, Möhren bündeln, Rüben hacken, Ausmisten u. a. Tätigkeiten. Wenn im Jahr 1969 insgesamt 833 Mark für das Helfen ausgegeben wurde, war das an vier Familienangehörige zu zahlen.

Aus den Aufzeichnungen der Bäuerin lassen sich auch ganz profane wirtschaftliche und soziale Entwicklungen in der damaligen DDR erkennen. 1967 wurde die 5-Tage-Arbeitswoche eingeführt. Vorher gab es eine kurze Übergangszeit, in der nur jeder zweite Samstag arbeitsfrei war. Auch für die kleinen Bauernwirtschaften blieb nun etwas mehr Zeit. Natürlich nicht in der Richtung, dass auf der faulen Haut gelegen wurde, die Tiere im Stall und auf dem Hof mussten ja trotzdem versorgt werden. Diese Freizeit konnte jetzt auf vielfältige Art und Weise genutzt um z. B. Brennholz für den Winter im Pusch einzuschlagen, Obst und Gemüse einzuwecken oder auch zu einem Einkaufstrip per Bus ab Leibsch nach Königs Wusterhausen oder Berlin. Besonders die Bäuerin nutzte diese letztgenannte Möglichkeit. In den Aufzeichnungen sind dazu pauschale Beiträge in Höhe von 50 bis 150 Mark genannt. Mehrheitlich kam es bei diesen Einkaufsfahrten zum Erwerb von Bekleidung. Über die dabei aufgehobenen Kassenzettel und den beigefügten Produktkennkarten lässt sich noch ein sehr hoher Anteil an privaten bzw. halbstaatlichen Firmen in der DDR erkennen. Besonders die Belege von Textilbetrieben aus dem sächsischen Raum zeugen davon. Das

Vorsicht beim Waschen

Herstellg. 2. Halbjahr 1970

Emil Pfau KG
9151 Leukersdorf / Erzgeb.

145

sollte sich erst mit der Verstaatlichungswelle in 1971/72 ändern und betraf dann auch das LUMA-Werk Groß Wasserburg.

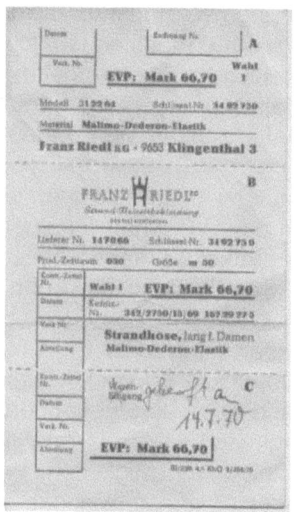 

Der Bauer und sein männlicher Familiennachwuchs interessierten sich dagegen mehr für Moto-Cross-Veranstaltungen in Drehna (heute Fürstlich Drehna) und Pretschen oder einem Rennen auf der Sandbahn bei Lübbenau. Eintritt, ein oder zwei Bockwürste und ein paar Flaschen Bier kosteten über das Jahr für 3 bis 4 derartige Sportveranstaltungen auch schon an die 200 M und sind dann unter der Rubrik Allgemeines in der Haushaltskasse aufgeführt.

Handwerkerleistungen sind insgesamt mit 3.557 M ausgewiesen. Es wurden Leistungen von Handwerkern aus dem Ort respektive den Nachbardörfern beglichen. Handwerker die weiter als in Märkisch Buchholz oder Lübben ansässig waren, wurden einfach nicht beauftragt. So erhielt der ortsansässige Malermeister 1966 für seine Maler- und Tapezierarbeiten in den vier Wohnräumen 238,35 M und der Elektromeister aus Leibsch verlegte neue E-Leitungen im Stall für 127,67 M. In diesen Preisen waren die gesamten Lohn- und Materialkosten enthalten. Bezüglich der kleinen dörflichen Fleischereien ist zu beachten, dass Schweine, Färsen oder Kälber selbst geschlachtet werden konnten. So kam die Wurst, der Schinken oder das Fleisch auf kurzem Weg frisch auf den Ladentisch. Der Fleischermeister wusste also bereits damals, woher sein Schlachtvieh kam. Viele Einwohner aus Halbe oder Märkisch Buchholz scheuten den Weg nach Groß Wasserburg und Krausnick nicht, um bei ihnen frisch Geschlachtetes einzukaufen. In der Reihe anstehen und ein bis zwei Stunden zu warten nahm man dabei gern in Kauf. Besonders vor solch wichtigen Feiertagen wie Ostern oder Weihnachten sollte man schon diese Zeit aufbringen. Das galt auch für diese kleine Bauernfamilie. Alle Eintragungen in den Haushaltsbüchern beschränken sich ausschließlich auf Angelegenheiten des eigenen Hofes. Direkt Persönliches wird nur selten ausgewiesen. Es gab aber auch Ausnahmen, die dann meist in besonderen familiären Anlässen begründet waren. Als Beispiele für derartige Ausnahmen stehen eine Beerdigung mit knapp ihren 600 und eine Konfirmation mit 2.199 M. Besonders die Konfirmation führt uns eine bäuerliche Feier und deren Kosten zum Ende der 60er Jahre auf dem Hof vor Augen. Gehungert wurde jedenfalls nicht, auch die Getränke sind den Gästen nicht zugeteilt worden. Was war also für eine solche Feier notwendig und was hat die Hausfrau mit den zwei Kochfrauen, meist gute Bekannte aus der Nachbarschaft, zu bewältigt:

Fleischer Fischer in Krausnick:
Je 14 Pfund Kassler und Rindfleisch, 30 Paar Bockwürste, 5 Pfund Gehackte, 2 Pfund Aufschnitt
Kuchen und Torten vom Bäcker Boge aus Groß Wasserburg:
14 Blechkuchen, 8 Napfkuchen, 10 Torten. Die Backbleche mit einer Größe von 50 x 70 cm.
Getränke aus dem KONSUM Groß Wasserburg und von ZWINGENBERGER Märkisch Buchholz:
3 Flaschen Likör, 5 Flaschen Kognak, 4 Flaschen Wodka, 20 Flaschen Wein, 1 Kasten Malzbier, 2 Kasten Brause, 8 Kasten Bier, 25 Flaschen Selters.
Für die Raucher:
10 Schachteln F6 (a 20 Zigaretten)

Kosten für normale Familienfeiern, wie Geburtstage hat die Bäuerin mit Beträgen zwischen 515 Mark in 1966 und 825 M in 1970 festgehalten. Die Differenz ergab sich durch sogenannte „runde Geburtstage" mit ihrem entsprechend größeren Aufwand.

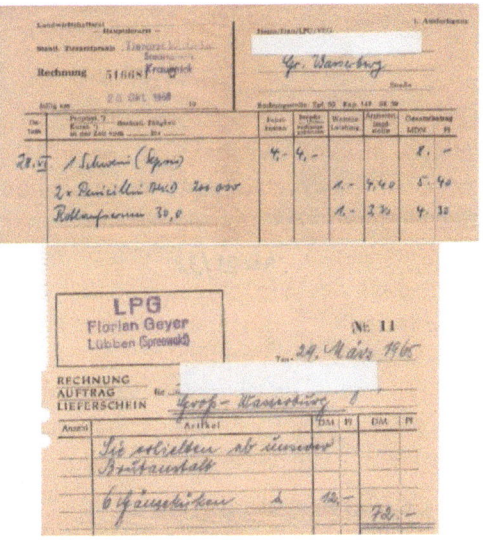

Notwendige Ausgaben für die Wirtschaft war der jährliche Kauf von Vieh mit seinen rund 600 Mark und der Futterkauf mit ca. 340 Mark. Ein Ferkel kostete um die 60,00 M, ein Gössel (junge Gans) 12 Mark und eine Fuhre Heu fast 250,00 Mark. Weitere Kosten der Viehhaltung ergaben sich aus Besamungs- und Deckgeld sowie den Tierarztrechnungen mit durchschnittlich 180 Mark pro Jahr.

Die betriebswirtschaftliche Situation der LPG-Mühlenspree war wie bereits mehrmals angeführt nicht besonders stabil. Das bedeutete, dass die Mitglieder ständig sogenannte Hektarumlagen zur Sicherung der Wirtschaftlichkeit ihrer Genossenschaft erbringen mussten. Allein in den letzten vier Jahren des Bestehens der LPG hat die Bäuerin dafür 3.565 Mark aus ihrer Haushaltskasse eingezahlt.

Nach 14 Jahren erfolgte die Beendigung der Führung der Haushaltsbücher. Bezeichnend für die Funktion der Haushaltsbücher im Arbeitsleben der Bäuerin war, für sie sind sie kein Zeitvertreib gewesen, sondern gehörten als fester Bestandteil zu einer ordnungsgemäßen bäuerlichen Wirtschaftsführung. Die folgende lohnabhängige Tätigkeit in der KAP und später der LPG (P) sicherte kontinuierliche Einkünfte, mit denen fest gerechnet werden konnte. Eine eigene Erzeugung landwirtschaftlicher Produkte auf dem Hof gab es nicht mehr. Mit dem Ende der Groß Wasserburger LPG änderte sich damit auch das Verhältnis zur eigenen Wirtschaft. Für die Bäuerin war die Notwendigkeit zur Führung eines Haushaltsbuches nicht mehr erkennbar.
Als wirtschafts- und sozialgeschichtliche Quelle gestatten die Haushaltsbücher einen Einblick in das Leben dieses kleinen Bauernhofs, und das in einer nicht immer einfach zu meisternden wirtschaftlichen Umbruchphase. Weiterhin geben sie den Blick auf eine vergangene Zeit mit ihren Lebensumständen frei.
Unterm Strich bleibt die Leistung der Bäuerin zu würdigen, wie sie zum Wohle der Familie und dem Erhalt des Bauernhofes gehandelt hat.

NACH DER WENDE

Die angestrebte Wiederbelebung von privaten Bauernwirtschaften fand nach der Wende in Groß Wasserburg keinen Widerhall. Erstens waren die meisten Bauern zwischenzeitlich zu alt, um nochmals neu anzufangen. Zweitens, die Flächen für den Einzelnen zu klein und damit unrentabel zu bewirtschaften. Um annähernd rentabel zu produzieren, waren mindestens ca. 100 ha erforderlich. Das hätte zur Folge gehabt, dass ein Wiedereinrichter fast das gesamte Groß Wasserburger Ackerland zu bewirtschaften hat. Dazu war aber keiner bereit. Für ihre sandigen Böden blieb nur das Aus bzw. die Verpachtung an die Agrargenossenschaft „Unterspreewald" in Dürrenhofe und einen Wiedereinrichter im Nachbarort Leibsch.
Es gehörte schon viel Mut und Risikobereitschaft dazu dem kargen Boden in der Gemarkung von Groß Wasserburg etwas abzuringen. Unsere Vorfahren haben es gewagt und auch heute wird fleißig Getreide, Kartoffel und Gemüse angebaut.
Der innerhalb von 30 Jahren vollzogene Strukturwandel rund um den Unterspreewald, bezogen auf 1960 bis zum Ende der DDR, hat landwirtschaftliche Unternehmen geschaffen, die heute wirtschaftlich solide aufgestellt sind.

ABBILDUNGSNACHWEIS

S.106	MTS-Brigade IV Krausnick, Zur Verfügung gestellt Anita Krupsky, Groß Wasserburg
	MTS Krausnick, Druschabrechnung vom 31.7.1959, Sammlung Verfasser
S.107	Erzeugerkartei zur Erfüllung Pflichtablieferung 1955, Sammlung Verfasser
S.109	Karte Eier-Erfassungsstelle Groß Wasserburg 1957, Sammlung Verfasser
	Abrechnungskarte Milch Nr.33 aus 1967, Rückseite mit Losung, Sammlung Verfasser
S.110	Heuernte Wirtschaft Manfred Menze, Groß Wasserburg, Fotos zur Verfügung gestellt Ilse Menze, Groß Wasserburg
S.111	Titelblatt Kampfplan für die Vorbereitung und Durchführung der Ernte, Herbstbestellung und Winterfurche vom Rat des Kreises Lübben, Broschüre 1954, Druck Munkelt Lübben, Sammlung Verfasser
S.113	Foto Karl und Peter Menze auf dem Ableger, Groß Wasserburg, zur Verfügung gestellt von Erika Menze, Groß Wasserburg
S.115	Stempelabdruck der LPG „Mühlenspree" Groß Wasserburg, Sammlung Verfasser
S.116	Leistungsbuch für Mitglied der LPG „Mühlenspree" Groß Wasserburg, Sammlung Verfasser
S.118	Foto Forstarbeiter Schönauer mit den Rückepferden, Groß Wasserburg, zur Verfügung gestellt Familie Schönauer
S.119	Foto Belegschaft des LUMA-Werk Groß Wasserburg, 1950, zur Verfügung gestellt von Frau Tulenz, Groß Wasserburg
S.121	Lausitzer Rundschau, 6.Jahrgang, Nr.127 vom 5.Juni 1958, Kreisseite -Lübben-, S.7, Sammlung Verfasser
S.122	Auszug vom Schreiben der LPG (T) „Spreewald" Leibsch zwecks Waldrückgabe vom 31.5.1990, Sammlung Verfasser
S.123	Mastvertrag zwischen VEAB und LPG-Bauern in Groß Wasserburg, 1966, Sammlung Verfasser
S.124	Landwirtschaftsrat des Bezirkes Cottbus – tuberkulosefreier Rinderbestand – 1965, Zur Verfügung gestellt Anita Krupsky, Groß Wasserburg
	Titelblatt „Mechanisierte Milchgewinnung" Broschüre, Kopie Sammlung Verfasser
S.126	Institut für Pflanzenernährung Jena, Zweigstelle Potsdam Rehbrücke, Bodenbewertung, 2.12.1971, Sammlung Verfasser
S.128	LPG „Mühlenspree" Groß Wasserburg, Auftrag zur Verhandlungsführung mit der LPG „Spreewald" Leibsch vom 11.6.1971, Durchschrift Sammlung Verfasser
S.129	LPG „Mühlenspree" Groß Wasserburg, Antrag auf Löschung aus dem Genossenschaftsregister vom 17.4.1972 an den RLN Lübben, Durchschrift Sammlung Verfasser
S.132	Kartoffelernte Frauenbrigade LPG „Mühlenspree" Groß Wasserburg 1970, Fotos Anita Krupsky, Groß Wasserburg
S.133	Jahresendabrechnung LPG „Mühlenspree" Groß Wasserburg 1972, Vordruck Sammlung Verfasser
S.134	Staatliche Versicherung der DDR, Kreisdirektion Luckau 15.3.1970, Urkunde verlustarme Tierhaltung in der LPG „Mühlenspree" Groß **Wasserburg, Sammlung Verfasser**
S.135	LPG „Spreewald" Leibsch, Übernahmeprotokoll vom 16.3.1972, Durchschrift Sammlung Verfasser
S.138	Zeitschrift PRAMO mit Schnittmusterbogen 1958, Verlag für die Frau Berlin, Kopie Verfasser

S.139	Quittung Schmiede Tinius, Leibsch von ca. 1958, Sammlung Verfasser
S.141	Foto von Hanna Boge † Groß Wasserburg, Sammlung Verfasser
S.142	Titelbild „Zeit im Bild" 1955, Kopie Sammlung Verfasser
S.143	Warenanhänger für Staubsauger Omega, MIFA-Fahrrad, Polsterstuhl, Sammlung Verfasser
S.144	Kopien Versandwarenhäuser KONSUMENT und CENTRUM und Bestellbestätigung, Sammlung Verfasser
S.145	Warenanhänger für privaten Textilbetrieb PFAU/Leukersdorf 1970, Sammlung Verfasser
S.146	Warenanhänger mit Auspreisung privater Betriebe 1970, Sammlung Verfasser
S.147	LPG „Florian Gayer" Lübben Gänsekükenverkauf 1965 und Rechnung Tierarzt Linke Krausnick 1968, Sammlung Verfasser

LITERATURNACHWEIS

1 BLHA Potsdam, Rep 37 Dok KW Nr. 119

2 BLHA Potsdam, AKS Nr. 1319 B, angefertigt durch Petrus Schenk und 1757 in Amsterdam verlegt

3 BLHA Potsdam, Kopie Rep.78 Kurmärkische Lehnskanzlei Kopiare Nr.53-55 fol.28 überlieferte Abschrift

4 BLHA Potsdam, Rep 37 Königs Wusterhausen

5 Auszug aus den Entscheidungen des Cöllnischen Konsistoriums 1541-1704, Überschrift: Buchholtz, Cöthen, Krausnick, Waßerburg. Nach der Sammlung des Konsistorialrats und Propstes D. Franz Julius Lütkens mit Genehmigung des Evangelischen Konsistoriums der Mark Brandenburg, Hg. von Dr. Burghard von Brenda, Weimar 1926, Seite 518-520

6 Verschiedene Maßeinheiten in Preußen, siehe Ende Literaturnachweis

7 Die Wasserburgh im Unterspreewald, Pfarrer W. Erxleben, Krausnick, Königl Bibliothek Berlin, 1911

8 Auszug aus den Entscheidungen des Cöllnischen Konsistoriums 1541-1704, Nach der Sammlung des Konsistoriums und Probstes D. Franz Julius Lütkens mit Genehmigung des Evangelischen Konsistoriums der Mark Brandenburg, Hg. von Dr. Burkhard von Benda, Weimar 1926

9 vergl. Chronik der Ortschaften des Unterspreewaldes, 1. Heft: Chronik von Köthen, vom Pfarrer W. Erxleben Krausnick, 1913, Verlag Oskar Knüppel in Beeskow

10 37 Königs Wusterhausen U 1

11 Petersen, Carl: Die Geschichte des Kreises Beeskow-Storkow - Neuenhagen: Findling 2002, S 377/78, ISBN 3-933603-19-6

12 Gustav Freytag, Bilder aus der deutschen Vergangenheit, 3 Bände, Band 3, S. 115-116, Reprintausgabe in EDITION KRAMER, Koblenz 2014

13 Grundling, Jacob Paul von (2016 Verlag Becker, Potsdam): Brandenburgischer Atlas oder Geographische Beschreibung Der Chur-Mark Brandenburg Und des dasigen Adels, Potsdam 1724, S. 33

14 Sammlung Heinz Witzsch, Ausschnitt aus „Der MITTELMARK oder des SÜDLICHEN THEILES von BRANDENBURG Teltowscher Beeskowscher und Storkowscher Kreis Nro. 341

15 Rep. 24 Beeskow-Storkow Nr. 212, BLHA Potsdam

16 J.Balte, Berlin 1897 über Andreas Tharaeus "Eine erbermliche Klage... Geschehen im Jahre 1609", S.7

17 Bratring, Friedrich Wilhelm August (2016 Verlag Becker, Potsdam): Statistisch-topographische Beschreibung der gesammten Mark Brandenburg. Zweiter Band. Die Mittelmark und Ukermark betreffend. Berlin 1805, S.433-465

18 Kugler und Menzel, Geschichte Friedrich des Großen, Reprint 2008, Seemann-Verlag Leipzig, S. 519

19 Petersen, Carl (2002): Die Geschichte des Kreises Beeskow-Storkow. Findling Verlag Neuenhagen, Reprint-Auflage, S. 397.398

20 Die Wasserburgh im Unterspreewald, Pfarrer W. Erxleben, Krausnick, Königl. Bibliothek Berlin. 1911

21 Rep.37 KWH Amt Krausnick Nr. 6, Aufstellung an die "Königl. Preuß. hochlöbliche Domänen Cammer zu Wusterhausen" vom 28. October 1800

22 Borgstede, August Heinrich von (2013): Statistisch-topographische Beschreibung der Kurmark Brandenburg. 2 Bände. Potsdam Becker (1), S. 342

23 Borgstede, August Heinrich von (2013): Statistisch-topographische Beschreibung der Kurmark Brandenburg. 2 Bände. Potsdam Becker (1), S. 301-302

24 vergl. Franz Müller, Teeröfen im weiteren Umkreis von Märkisch Buchholz, Heimatkalender 2005 Königs Wusterhausen und Dahmeland, S. 120

25 vergl. BLHA, Pr.Br.Rep. 2 A Forsten, 1908 Wa I 4 und 11930 Wa I 125 sowie Histor. Ortslexikon für Brandenburg, Teil IX Beeskow-Storkow, S.129 ff

26 Heinz-Dieter Krausch, 250 Jahre Kartoffelanbau in der Niederlausitz, Geschichte und Gegenwart des Bezirkes Cottbus, Heft 9, 1975, S.97 ff

27 Henrik Becker, Friedrich Selbstbildnis eines königlichen Lebens, Bernhard Sporn Verlag Zeulenroda, S.129

28 Historischen Ortslexikon für Brandenburg Teil IX Beeskow-Storkow, Klaus-D. Becker Verlag Potsdam, 2001, S.289

29 Rep. 24 Beeskow-Storkow Nr. 212, BLHA Potsdam

30 Rep. 24 Beeskow-Storkow Nr. 217, BLHA Potsdam

31 ebenda, Schreibweise der Namen entsprechend der Urkunde

32 ebenda, Schreibweise der Namen entsprechend der Urkunde

33 Rep. 24 Beeskow-Storkow Nr. 210, BLHA Potsdam

34 Ablösung der zur Königl. Herrschaft Königs Wusterhausen gehörigen Wasserburger Berechtigungen zur Forsthütung vom 9ten Juli 1851, Kreisarchiv LDS A-4 Signatur 6

35 BLHA, Rep. 37 KWH, Nr. 2044

36 BLHA, Rep. 37 KWH, Nr. 2044

37 Generalakten betreffend Raiffeisen-Elektrizitätsgenossenschaft Groß Wasserburg, Landkreis LDS, Kreisarchiv, A-4 Gemeinde Groß Wasserburg, Archivsignatur 8

38 ebenda

39 Einwohnermeldebuch 1932-1943, Kreisarchiv LDS, Bestand A-4 Gemeinde Groß Wasserburg, Archivsignatur 17

40 ABSCHRIFT Notar Artur Daniel, Wendisch Buchholz, Nr: 150 des Notariatsregisters für 1921 vom 20. März 1921, Sammlung Witzsch

41 Franz Müller, Den Bauern wurde Mühlenzwang auferlegt, Lausitzer Rundschau, 28.11.1996

42 Errichtung eines Staudamms im Puhlstrom, BLHA Potsdam, 3B I W 1187, Zeitraum 1861-1872 in einer Akte

43 Kopie – Schriftstück I.No: 2467 F. der Königliche Hofkammer vom 18.05.1896, Sammlung Witzsch,

44 BLHA Potsdam, 2A III D 2824, Akte

45 BLHA Potsdam, 37 Königs Wusterhausen 1926, Ankauf des Quielschen Mühlengrundstückes in Groß Wasserburg

46 Sammlung Heinz Witzsch, 15910 Groß Wasserburg – Kopie - Oberförsterei Krausnick., Mietvertrag zum Mühlengrundstück Groß Wasserburg/Blatt 1 von Vorgang 13

47 Königliche Hofkammer der Königlichen Familiengüter, I.No: 1134 F. vom 13.02.1897 an den Königlichen Oberförster Herrn von Nathusius, Einsichtnahme im Archiv der Oberförsterei Krausnick am 10.06.2004

48 vergl. Paul Reusche, Krausnicksches Hausbuch 1684-1721, Lausitzer Landes-Zeitung 26.Mai 1925

49 Henrik Becker, Friedrich Selbstbildnis eines königlichen Lebens, Bernhard Sporn Verlag Zeulenroda, S.214

50 Rep. 24 Beeskow-Storkow Nr. 214, BLHA Potsdam

51 Krausch, H.-D., Burger und Lübbenauer Spreewald - Werte unserer Heimat, Berlin, Bd.36 S.157

52 vergl. Zeit verheerender Hochwasser ist vorbei, Franz Müller, Lausitzer Rundschau, 01.03.2001, S. 14

53 vergl. Artikel "Hochwasser im Spreewald zurückgegangen", Märkische Volksstimme, 3.Jahrgang, Nr.216 vom 14.September 1948, S.3 und Nr. 196/197 vom 21./22.08.1948, S.1

54 Protokolle der Gemeindevertreter- und Ortblocksitzungen des Jahres 1954 der Gemeinde Groß Wasserburg

55 Im Spreewald wird wieder gebaut, Lausitzer Rundschau, 22.April 1953, Seite 5

56 vergl. Artikel "Katastrophe in zwölf Dörfern", Lausitzer Rundschau, Juni 1959, Kreisseite

57 Aus den Storkowschen Amtsdörfern der Herrschaft Königs-Wusterhausen. Rückblicke in die Jahre 1739-1740, Lausitzer-Landes-Zeitung vom 15.1.1925

58 ebenda

59 vergl.: Siegfried Schust, Bauernnot in unserer Heimat in früherer Zeit... , Heimatkalender 1995 Königs Wusterhausen und   Dahmeland, ELRO- Verlagsgesellschaft mbH, Königs Wusterhausen 1994, S.86

60 Kopie der Rapportbuchseite des Forstmeisters Schröder von 1910, Archiv Försterei Krausnick, Sammlung Heinz Witzsch

61 BLHA Potsdam, 37 Königs Wusterhausen K 43 A, Erste Reinkarte und 37 Königs Wusterhausen, Dokumente 1761

62 Oberförsterei Krausnick, Archiveinsichtnahme vom 10.06.2004 zu Königliche Hofkammer der Königlichen Familiengüter

63 Nach der „Beglaubigten Abschrift der Klage" durch den Rechtsanwalt u. Notar Aumann in Storkow (Mark) vom 24.03.1920, Sammlung Heinz Witzsch

64 BLHA Potsdam, 2A III D 29120, Akte

65 BLHA Potsdam, 2A III D 29124, Akte

66 Preußisches Kulturamt Frankfurt-Oder Tagebuch-Nr. 2568/23 - Aktz: G. 23. Kreis Beeskow-Storkow, Sammlung Heinz Witzsch

67 Auszug aus Kaufgeldanteilen, Aktenzeichen III 1.8916 der Regierungshauptkasse-Buchhalterei 8, Frankfurt/O.

68 Abschrift vom 3.4.1995 beim Stadtarchiv Beeskow, Chronik des Schulaufsichtskreises Beeskow für die Jahre 1933 - 1943, Zweiter Teil: Die einzelnen Schulen, Gr. Wasserburg

69 Kreis-Kalender Beeskow-Storkow 1934, Druck Günther Knüppel & Haeseler, Beeskow, S. 21, 115, 117

70 Bescheid über den Beitrag zum Reichsnährstand ab 1. April 1939, Nr. 594/21, zur Verfügung gestellt von Frau Erika Menze/Groß Wasserburg

71 Joachim Schölzel, Historisches Ortslexikon für Brandenburg, Teil IX, Klaus-D. Becker Verlag Potsdam, 2011, S. 289

72 Kartoffel-Zeitung, Düsseldorf, 14. Juli 1937

73 Ausschnitt der Todesanzeige für den Träger des Eisernen Kreuzes Willi Hobeck vom 1.11.1944, Sammlung Witzsch

74 Gespräch und Niederschrift vom 02.02.2004, Sammlung Heinz Witzsch, 15910 Groß Wasserburg

75 Freie und Hansestadt Hamburg, Staatsarchiv, Bestand 213-11 Staatsanwaltschaft drei Vorgänge 05454/36, 00376/39 und 21637/49

76 Wahlniederschrift vom 15. September 1946, Auszug, Sammlung Heinz Witzsch

77 Bernhard Bechler, Erinnerungen an die Bodenreform in Märkische Heimat, Beiträge zur Heimatgeschichte des Bezirkes Potsdam, 1985, S. 14

78 Provinzialverwaltung Mark Brandenburg, Verordnung über die Bodenreform in der Provinz Brandenburg vom 6.September 1945

79 Joachim Schölzel, Historisches Ortslexikon für Brandenburg Teil IX, Verlag Hermann Bohlhans Nachfolger Weimar 1989

80 vergl. Um das Siedlungshaus des Neubauern, Märkische Volksstimme Nr.262 vom 26.November 1947, Seite 3

81 Postkarte an die Bürgermeisterin von Groß Wasserburg vom 16.02.1952

82 vergl. Artikel "Auch hier Ziel: Vorkriegsstand", Märkische Volksstimme, 5.Jahrgang Nr. 276, 24.November 1950, S.8

83 Brief an die Viehannahmestelle in Lindenberg vom 10.Okt.1948

84 Bodendifferenzierung bedeutet mehr Fett und Fleisch, Märkische Volksstimme Nr.258 vom 21.November 1947, Seite 3

85 Rat der Gemeinde Groß Wasserburg, Gemüsefehlmengen, 01.November 1950, Brief

86 Flächennutzungsplan Gemeinde Groß Wasserburg, Erläuterungsbericht, 12/96, S.1

87 Kopie der handschriftl. Aufzeichnungen des Bürgermeisters von Groß Wasserburg aus dem Jahre 1949

88 ebenda

89 Kurznotizen, Märkische Volksstimme, 5.Jahrgang Nr.274, 21.November 1950, S.5

90 Kreisredaktion Lübben, Aus Groß Wasserburg, Märkische Volksstimme Nr.144 vom 21.Juni 1952, S. 8

91 Rat der Gemeinde Groß Wasserburg, Erzeugerkartei Nr.217149

92 Rat der Gemeinde Groß Wasserburg, Erzeugerkartei Nr.217113

93 Ran ans Werk! Wir berichten von der Frühjahrsbestellung, Lausitzer Rundschau, 31.März 1953, Seite 5

94 Kampfplan für die Vorbereitung und Durchführung der Ernte, Herbstbestellung und Winterfurche vom Rat des Kreises Lübben, Broschüre 1954, S.7

95 Mechanisierung des Maisanbaues! Merkblatt von 1956, Rat des Bezirkes Cottbus, Abt. Land- und Forstwirtschaft

96 ebenda

97 7. ZK-Tagung der SED, 1959, Landwirtschaft

98 Lausitzer Rundschau, 6.Jahrgang, Nr.127 vom 5.Juni 1958, Kreisseite -Lübben-, S.7

99 Auszüge vom 09.09.1982 im Archiv des Rates des Kreises Lübben, Reg.Nr. 41 III, Angaben zur LPG Groß Wasserburg

100 Sammlung Heinz Witzsch, Auswertung Unterlagen der Wirtschaft Nr.8

101 Auszüge vom 09.09.1982 im Archiv des Rates des Kreises Lübben, Reg.Nr. 41 III, Angaben zur LPG Groß Wasserburg

102 ebenda

103 Sammlung Heinz Witzsch, Handschriftliche Niederschrift der Bürgermeisterin vom 31.08.1970

104 Rechnung 1304/451 des KfL Lübben Sitz Groß Leuthen, Sammlung Witzsch

105 Brief des Vorstandes der LPG "Mühlenspree" Groß Wasserburg an den RLN Lübben vom 10.02.1971

106 LPG "Mühlenspree" Groß Wasserburg, Buchhalterin persönl. Notiz, Dezember 1971

107 Vorstandssitzung der LPG "Mühlenspree" Groß Wasserburg, handschr. Mitschrift, vom 18.08.1970

108 LPG "Mühlenspree" Groß Wasserburg, Vorstandssitzung, 03.06.1971,TOP: Finanzen LPG "Mühlenspree" Groß Wasserburg, Vorstandssitzung, 04.11.1970,TOP: Finanzen, Rechnung KOG vom 10.7.1970

109 Protokolle der Vollversammlungen bzw. handschriftliche Notizen vom 23.04.71 und 11.06.71

110 handschriftliche Notiz zur gemeinsamen Vorstandssitzung in Leibsch am 01.03.1971

111 Protokoll der LPG-Vollversammlung vom 23.04.1972

112 Beschluß Nr. 32/70, Maßnahmen zur Förderung der LPG mit niedrigem Produktionsniveau, Rat des Kreises Lübben vom 06.03.1970

113 handschriftliche Mitschrift der Buchhalterin von der Vorstandssitzung am 05.05.1970

114 Bericht der Revisionskommission an die Jahreshauptversammlung 04.02.1972, LPG Mühlenspree

115 Programm der LPG "Mühlenspree" Groß Wasserburg zur Erreichung eines hohen Produktionsniveaus - Durchschrift- vom Februar 1970

116 aus handschriftlicher Notiz zum Bericht der LPG-Buchhaltung, Vorstandssitzung vom 20.10.1970

117 vergl. ebenda

118 Bericht der Gemeindevertretung Groß Wasserburg vor dem Kreistag Lübben vom 07.01.1971

119 Bereitschaft zur Qualifizierung in der LPG, Bürgermeister an den Rat des Kreises Lübben, 22.10.1971

120 Jahresendabrechnung der LPG „Mühlenspree" für 1971

121 LPG "Spreewald" Leibsch, Übernahmeprotokoll vom 16.03.1972

122 Statistische Auswertung der Haushaltsbücher 1959-1960, Heinz Witzsch

123 Quittung zum Haushaltsbuch 1960, Sammlung Witzsch

124 Haushaltsbuch 1960, Heft 1, Sammlung Witzsch

125 Statistische Auswertung der Haushaltsbücher 1957-1960, Heinz Witzsch

126 Haushaltsbücher 1957 und 1958, Heft 1, Sammlung Witzsch

127 Haushaltsbücher 1957 und 1960, Heft 1, Sammlung Witzsch

128 Sozialversicherungsausweis des Bauern (Name bekannt), Sammlung Witzsch

Alle nicht explizit ausgewiesenen Angaben und Abbildungen im Abschnitt über die Haushaltsbücher sind dem Heft 1 der Haushaltsbücher entnommen und Bestandteil der Sammlung Witzsch.

Als Währungsbezeichnung habe ich zur Vereinheitlichung Mark verwendet, obwohl es in dem Zeitraum des Bestehens der DDR DM der DDR, MDN und erst dann Mark der DDR gab

Alte preußische Maße:
      1 Wispel = 2 Malter (1.313,4 Liter)
      1 Malter = 12 Scheffel (656,7 Liter)
      1 Scheffel = 54,725 Liter

1 Metze = 3,420 Liter
Alter Morgen = 5.779,63 m^2
Neuer Morgen = 2.5552 m^2
Quadratrute = 17,387 m^2
Rute = 3,717 m
Meile = 7,532 km
Quart = 1,170 Liter

Neue Wiesen – Winter und Frühjahr